华夏文库·民俗书系

瓷都拾遗

景德镇瓷业习俗

刘爱华 编著

大地传媒 中州古籍出版社

《华夏文库》发凡

毫无疑问，每一个时代都有属于自己时代的精神追求、文化叩问与出版理想。我们不禁要问，在 21 世纪初叶，在全球文明交融的今天，在信息文明的发轫初期，作为一个中国出版人，我们正在或者将要追求什么？我们能够成就或奉献什么？我们以何种方式参与全球化时代的文化传播进程？在一连串的追问下，于是，有了这套《华夏文库》的出版。

自信才能交融。世界各大文明在坚守自身文化个性的同时，不约而同地加快了探视其他文化精神内涵的步伐，世界不同文明正在朝着了解、交流、碰撞、借鉴与融合的方向前进。在此背景下，建立自身的文化自信，正是契合世界各文明民族进行文化交流的基本要求。五千年中华文明与文化正在不断地被其他文明所发现、所挖掘、所认知，汉语言正在成长为世界语言，儒文化正在世界各地生根发芽。

借助这样一种正在成长着的文化自信、自觉、开放、亲和之力，用我们这个时代的学术眼光，全面系统地梳理中华五千年的文明与文化，向其他各大文明与文化圈正面展示自我，让中华优秀文化成为世界文化的重要组成部分，正是我们出版这套文库的目的之一。此其一。

知己才能知彼。身处五千年文化浸润的今天，重新思考我们先人的人生思考、价值思考与哲学思考，找到一个民族、一个国家的价值所在、立命所在、安身所在，这已经是我们这个时代的学人与出版人不得不去思考的问题。作为中华文明的一分子，我们在思考的同时，还必须了解我们的先人创造了如何优秀的精神文明与物质文明以及社会文明。只有熟知自己的文化，热爱自己的文化，悟明自己的文化，我们才能宣说自己、弘扬自己、光大自己。因此，我们策划组织这套《华夏文库》的初衷，还在于让当下的知识青年全面系统地瞭望中华文明与文化的全景，并借此能够对更为深广的世界各民族文化提供一个比较认知的基础。此其二。

顺势才能有为。我们正处在农耕文明、工业文明、信息文明的交汇处，信息文明带领我们从读纸时代进入读屏时代，以智能手机屏幕为代表的书籍呈现方式正在与纸质书籍争夺阅读时间与空间。我们正在领悟数字技术，正在以信息文明的视角，去整理、分析和研究农耕文明与工业文明的文化遗产，不仅仅是为了唤醒优秀的传统文化，我们还在生发和原创着当今时代的文化。由此，我们试图架起一座桥梁——由纸质呈现而数字呈现，由数字呈现而纸质呈现，以多媒介的书籍呈现方式，将文字、图像、声音与视频四者结合，共同筑成《华夏文库》以奉献给信息文明时代的新读者。此其三。

总之，这是一套——专家、大家、名家写小书；以最小的阅读单元，原创撰写中华精神文化、物质文化与社会文明系列主题与专题；以图文、音视频多媒介呈现的方式，全面介绍与传播中华文明与优秀文化，系统普及与推介中华文明与文化知识；主旨是为了让世界与国人共同了解中国的——大型丛书，借此，复兴文化，唤起精神，融入世界。

耿相新
2013 年 6 月 27 日

《华夏文库·民俗书系》序

《民俗书系》是中原出版传媒集团一项浩大工程《华夏文库》的一个重要组成部分，分为十个系列：生产贸易民俗系列，衣食住行民俗系列，社会家庭民俗系列，人生仪礼民俗系列，生态、科技民俗系列，信仰民俗系列，岁时节令民俗系列，语言文学民俗系列，民间游乐民俗系列和民间艺术系列，涉及民俗文化的所有方面。这是一套具有相当规模的民俗类丛书。第一期约300本，每个省、直辖市10本左右。以后还有第二期、第三期。从数量上看，这套书在民俗文化呈现的广度方面是前所未有的。

有规模，成体系，才能产生深刻而广泛的社会效应。就民俗文化而言，一两本书，做得再精致，影响也是有限的。只有达到一定规模，才能全面、系统而又细致地展现中国各民族各地区丰富灿烂的民俗文化。中国幅员广阔、民族众多，以往民俗文化的呈现都是局部的，有很大的局限性，而《民俗书系》是对中华各民族民俗文化全方位的展示，超越了已出版的任何一套民俗丛书。这有助于对中华各民族民俗文化进行整体关照，多向度地把握、理解和享用中华各民族民俗文化。

十个系列仅仅是给定了民俗文库选题的范围和领域，而每本书的选题要求主要在两个方面。一是强调具体和细微。选题越具体越好，越细微越好。以往民俗文化方面的书，选题都比较大，侧重在"面"上，而《民俗书系》的选题，侧重在"点"上。譬如中国民居方面的选题，以往即为中国民居，如陕北窑洞、蒙古包、客家民居、四合院等等，我们这套书要求选题更为具体，诸如门、床、窗、影壁、屋脊、砖雕、上梁仪式、天井等等。选题越具体、越集中，越能书写得深入，越能说得透彻。从不同方面，把这一指向范围细微的"事象"的表现形式、过程、内涵，阐述清楚。一个选题，仅涉及一个方面的话题或事物，全书就围绕一个具体的民俗"事象"集中笔墨展开阐述。

二是强调地域性。选择具有地方特色的民俗文化。选题不避偏，即便是不为外界所知的民俗文化"事象"，也可以作为选题。这样的选题纳入整套书系之中，其所描述的对象就成为整个中华民族民间文化体系中的一部分，具有不可替代的位置。通过这套文库的出版，将这一原本影响不大的民俗文化"事象"推向全国，乃至世界。地域是具体的，而不是覆盖整个省，甚至大片地区和流域，而是局限于某一市县、某一城镇、某一村落。写一个具体地方的某一具体的民俗"事象"，民俗"事象"所流传的范围是明确的。当然，也有的以一个地方的某一民俗"事象"为书写中心，适当涉及其他地方相同的民俗"事象"，包括引用其起源、历史发展脉络和内涵分析等方面的相关资料，采用了以点带面的叙述范式。也有的通过图片的方式，链接其他地方同一民俗文化"事象"，做一些适当比较。

在这两点要求的基础上，这套民俗书系的选题是开放性的，面向中华各民族的广袤大地和民俗文化的汪洋大海。

《民俗书系》中的每本书字数在 6~7 万，近百幅图。根据选题本身的特点选择不同的写作角度和呈现方式，甚至有的以图为主，文字只是起到辅助、说明的作用。也有的以一个故事或传说为引导，再进入民俗"事象"本身，展开层层阐述。每本书的结构简洁而又灵活，便于作者把握和读者阅读。在述与论的关系方面,以"述"为主,"述"是全书主要的行文方式和表现主体;以"论"为辅,富有层次地清晰演示特定民俗"事象"的表现形态及其现状和历史,说明其深厚的文化内涵,提供其社会及文化背景。每幅照片都有比较详实的说明,诸如照片中的人是谁,都在干什么,主要景观和物品的名称、含义,画面属于仪式过程的哪个环节等。照片不是配图,不是为了美观,而是整本书的有机组成部分。

这套《民俗书系》追求一种"原生态"写作境界。这里的"原生态",就是强调民俗表达的原汁原味。所使用的文字素材和图片基本上是作者自己采集到的,第一手资料夯实了全书的所有内容。这套书系的作者绝大多数不是学者或专业研究人员,而是地方文化精英,是地方民间文化传统的积极传承者。作者就是当地人,对这一选题或这一民俗"事象"最为熟悉,而且反复经历和参与过这一民俗活动,最了解这一民俗活动,并具有一定的书面语言表达能力,是最适合写这本书的人。作者对这一选题有比较丰富的资料积累和信息储备,是这一选题的代言人和权威,而书的出版更是对作者权威地位的认定。这套书系的价值主要不是学术上的,不是理论方法方面的,而是发掘地方民俗文化资源,真实、客观地再现了民俗文化,展示了民俗文化本身具有的文化魅力和现实意义。这套书系可称之为原生态民俗书系。

《民俗书系》编纂和出版的动机是宏伟的,具有高远的历史文化志向和神圣的现实责任感。这一浩大工程值得您的期待,更值得您的关注。

万建中
2015 年元月 20 日于京师园

前言

"江南雄镇记陶阳,绝妙花瓷动四方",景德镇以瓷闻名,名扬海外,成为与湖北汉口镇、广东佛山镇、河南朱仙镇并称的中国古代四大名镇之一。"景镇产佳瓷,产器不产手。工匠来八方,器成天下走",海纳百川、开放大气的城市胸怀,使得景德镇成为名副其实的"十八省码头",商贾云集,瓷业繁荣,瓷器精品傲视海内外,"国朝瓷器美无匹,迩来年窑称第一"。

景德镇制瓷历史悠久,"新平冶陶,始于汉世"。近年来学者甚至考证出景德镇远在三千多年前的商代就已开始烧造原始青瓷器,其制陶的历史更是可以追溯到新石器时代。这说明景德镇作为"瓷器之国"的代表和象征,成为名震寰宇的"瓷都",不仅仅是历史的偶然和政治的影响,也是陶瓷文化在漫长历史发展中不断演变的结果。当然,景德镇陶瓷文化发达,制瓷技艺高超,瓷器精美绝伦,甚至也不仅仅是因为其历史悠久,最关键的因素还在于景德镇重视文化传承与创新,使陶瓷文化不断累积、沉淀,形成推动经济发展的文化"软实力"。这种文化传承和创新,不仅体现在得到官方认可的陶瓷科技、陶瓷技艺、陶瓷管理、陶瓷名人、陶瓷教育等方面,还体现在温润素朴、疏拙俗美的生产习俗、岁时节令、歌谣俗语、信仰禁忌、传说故事等民间瓷业习俗之中。在景德镇陶瓷史上,霍仲初、褚绥、潘安生、昊十九、周丹泉、刘源、"珠山八友"等陶瓷名家层出不穷，灿若群星，他们用自己的勤劳和智慧勾画了景德镇美丽的历史画卷。同时，在这些名人的背后，还有更多的无名的普通瓷工，他们如同初春的泥土，永远以低微的姿态，默默地孕育着绚烂多姿的春天美景。

在经济全球化的今天，在后工业社会消费经济的驱动下，西方文化对中国民俗传统的传承造成了极大的冲击，把本应遵循自身发展规律、逐步演变的农耕时代的民俗文化，突然"空降"到市场体制下经济价值的竞争跑道上。断裂的社会发展，造成了民俗文化传承的困境。因而，从景德镇来看，那些饱含温情、和谐素美的瓷业习俗在市场经济大潮中逐步消亡；那些约定俗成的行帮规约、耳熟能详的歌谣俗谚、温馨热闹的节日仪式，以及忙碌在坯坊、窑炉中的记不起名字的大量普通瓷工，都已经沉淀在人们的内心深处，成为人们记忆相册里偶尔泛起的一个温馨场景、一个侧影。当然，虽然这些景象已经远逝，但作为一个民族的文化记忆，作为景德镇人的精神脐带，仍具有文化认同、精神寄寓的价值。如同那些泛黄的老照片，对于外人不值一文，但对于主体对象，它们却显得异常珍贵。

对于景德镇瓷业习俗在断裂社会发展背景下的传承，我们应该注意保护、保存那些有生命力的宝贵习俗，让它们在新的时代背景下焕发青春，同时，我们也应该认识到在不经意的生产生活中，新的瓷业习俗又不断产生。因此，翻开过去的瓷业习俗相册，在回忆往昔温馨生活的同时，也告诉我们应该更加珍惜今天不断衍变的丰富多样的新瓷业习俗。

目 录

一 "瓷"化的城市地标
　　——地名故事

1. 景德美景地名歌 ·········· 2
2. 裘记瓷器碎满街 ·········· 5
3. 又爱又恨罗汉肚 ·········· 6
4. 吊脚楼口路难行 ·········· 8
5. 裤裆弄里富商多 ·········· 9
6. 除妖惩恶半边街 ·········· 11
7. 护地三打黄家洲 ·········· 14

二 泥与火的艺术

1. 瓷坯的成型 ·········· 18

2 最"热"的行业 ………………………… 30

  3 红店与红店佬 ………………………… 39

  4 辅助行业 ……………………………… 42

三 名目繁杂的行帮规约

  1 "陶阳十三里" ………………………… 52

  2 "要做窑,先投行" …………………… 54

  3 都帮、徽帮与杂帮 …………………… 56

  4 衍生的行帮组织 ……………………… 61

  5 会馆:乡谊联结的纽带 ……………… 65

  6 都帮、徽帮与杂帮 …………………… 68

四 记忆边缘的行话谚语

  1 旮旯里的行话 ………………………… 85

  2 渐逝的瓷业谚语 ……………………… 91

五 融入生活的神灵信仰

1 人性化的自然神 ……………………… 96
2 多元化的行业神 ……………………… 101
3 娱乐化的民间祭祀 …………………… 108

六 循规蹈矩的节庆生活

1 井然有序的传统节俗 ………………… 115
2 独特的瓷业节俗 ……………………… 120
3 行帮聚会性节俗 ……………………… 128

七 枝繁叶茂的歌谣传说

1 文人雅士的瓷都印象 ………………… 131
2 简朴俚俗的民间歌谣 ………………… 139

3 枝枝杈杈的人物传说 ······ 145
4 纷纷扰扰的地方风物传说 ······ 151

参考文献

小知识目录

高岭土神 …………………………………… 100
烧"太平窑" ………………………………… 127
打派头歌 …………………………………… 143
美人祭(1) ………………………………… 162
美人祭(2) ………………………………… 162

一 「瓷」化的城市地标

——地名故事

景德镇交通便利，瓷业发达，瓷商云集。瓷文化不断渗入人们的生产生活中，不仅在瓷业分工协作的基础上形成了丰富的行话俗语、民间谚语，而且在景德镇城市地标——地名上也得以集中展现。

城市地标不仅是一个城市的空间标志，更是一个城市的文化记忆、时序链条。景德镇作为闻名中外的瓷都，很多街道里弄都和瓷相关，留下了不少趣闻轶事。

1. 景德美景地名歌

景德镇的变化与瓷业密切相关。宋朝以前，瓷窑坯房分散四方，宋朝时开始渐向城区迁移。自明朝建御窑厂后，瓷业进一步发展，需要各工序配合集中，瓷窑由北南移，人口与街市也相应变化，但原来的不少地名仍保留了下来。

在景德镇的老瓷工中还流传着一首顺口溜的地名歌，这首歌反映了地貌的变化，也记述了劳动人民的业绩。

江南雄镇南江口，观音文昌镇阳台；
五王打坐三角井，凤凰展翅半边街；
通津桥边烟花巷，豆腐弄中斗富强；
五龙穿珠御器厂，文武衙门两边排；
风火神显龙缸弄，阜阳门外桂飘香；
陈家街上花似锦，十八小桥赛洛阳；
雄关出口屯兵马，马鞍山上摆战场；

> 赛宝坦上好晒宝，里村独造一长城；
> 瓷器街上般般有，黄家洲上摆擂台；
> 牛角岭上回头望，万重窑烟上天堂；
> 景德美景说不尽，水流鹅颈入鄱阳。

景德镇自古就是江南一大雄镇，虽曾属浮梁县管辖，因盛产瓷器，却比县城繁荣多了。原来从县城到景德镇要途经数家岭，明景泰后始走石埭山，天顺初凿山成路，建亭台其间，后又建观音、文昌二阁，石壁镌"昌，江砥柱"四字，其下通衢，旧有"江南雄镇"坊。登临其上，风帆沙影，山光水色，雄伟壮观。

景德镇自明始建御窑厂珠山麓，专造宫廷用瓷和贡瓷。五龙山的五座山峦朝着珠山，似五龙穿珠御器厂。厂西南，明制视府馆，称公馆岭，公馆二层楼，雕栏朱门，古色古香。厂东南为九江道，系巡守署。

五王庙祀华光神，原庙在御器厂东南，嘉靖年间，改庙为署，乃得罪神，使生产不景气。清人郑廷桂《陶阳竹枝词》云："横田古庙祀华光，改替官廨事不常。到底五王灵应显，龙灯日夜闹朝阳。"旧日景德镇为陶瓷而建的祠庙甚多，如陶王庙、佑陶灵祠、师祖庙、祭师祠等，民间信仰氛围浓厚。

据传，景德镇为凤凰地，河西、三间庙和太白园，均有凤凰山；半边街、童关栅门均有凤凰桥，传说是凤凰停留过的地方，是吉祥之地。故有"凤凰展翅半边街"之句。

斗富弄原名豆腐弄，以豆干闻名。据传民国十九年元宵节，一家钱店和一家瓷行，以燃放鞭炮斗富，钱店老板捷足先登，买完全街鞭炮，瓷行老板无法接应，急中生智，竟将架上瓷器当鞭炮摔打，却也响声震耳，他们斗富闹了几个小时，竟将豆腐弄斗成了斗富弄。

风火神显龙缸弄是说，明朝万历年间，内监潘相奉旨监造龙缸，然大器久未完工，瓷工屡受鞭笞、饥饿之苦。窑工童宾，悯同役之苦，独舍身殉火，缸才烧成。瓷工悲痛之余，开展了反封建专制的斗争。当地民众为纪念他，建风火仙祠。据说此事便发生在龙缸弄，此弄因此得名。

桂花弄位于御器厂之南阜阳门外，这里有一院落栽桂树数棵，到了秋天桂花阵阵飘香，故有"阜阳门外桂飘香"之名。

陈家街位于御窑厂东南，宋建司务厅，清设监镇厅，驻有众多督陶官员。街面还设有各种店铺，十分热闹。街东南便是十八桥。清代，此为城镇中心。这里商业繁荣，素有"买不到的十八桥，卖不掉的泗王庙"之说。此处货物齐全，在别处买不到的东西，十八桥均可买到，真可谓"十八小桥赛洛阳"。

雄关出口屯兵马，是指总衙的兵马经此关口至马鞍山摆战场练兵。

据说昔日晒宝坦住两窑户，一家生意做到香港，换回不少珍宝，他欲与另一窑户赛富，企图压垮对方，六月六日有意将珍宝晒于坦上；对方也不示弱，乃命儿子将桌椅洗净，也晒坦上，人不解其意，他笑笑说："我晒的是活宝。"之后他兼营饮食店，果真也发了财。后来人称此坦为晒宝坦。

清代瓷器零售贸易集中在瓷器街。黄家洲原名王家洲，是贫民摆地摊卖次品瓷的地方。关于瓷器街和黄家洲，后文有述。

牛角岭是浮北连接安徽的一座高岭，站在岭上回头眺望景德镇，数百座烟囱，窑烟滚滚直上云天。

景德镇美景说不尽，一船船优质瓷器水运至鹅颈滩，往下便是鄱阳县境，经鄱阳湖转入长江，运往全国各地，十分壮观。

2. 裘记瓷器碎满街

明末清初景德镇最为热闹繁华的一条街名为"瓷器街"。《景德镇陶录》这样描述:"瓷器街颇宽广,约二三百武,距黄家洲地半里余。街两旁皆瓷店张列,无器不有。"[1]据《景德镇地名志》介绍,此街是瓷器零售街市,两侧设有瓷器店,因品种齐全、花色各异,故得名瓷器街。关于瓷器街名称的由来还有一个传说。

据说瓷器街上有个名叫裘富仁的瓷店老板,此人为富不仁,经常欺压百姓。有一年连续天灾人祸,民不聊生,裘却经常放狗伤人,穷人要饭都不敢走近裘记瓷店。一天,有一位奇怪的老倌,用计与裘打赌。裘说:"你若赌输,必须钻我家狗洞;我若输了,架上瓷器任你打光。"还请四邻为证。结果,老倌真赢了,便把裘记瓷店架上的瓷器全部打掉,碎瓷片摔得满街都是。此街也就成为碎瓷街,这位奇怪的老倌却不知去向。有人说这老倌可能是仙人,此说当然非真,但这个故事却为穷人出了气,瓷器街的名称也就流传了下来。

---

[1] 蓝浦,郑廷桂.景德镇陶录校注[M].欧阳琛,校注.南昌:江西人民出版社,1996:56.

3. 又爱又恨罗汉肚

在莲花塘西侧，现在的景德镇市中共市委机关左侧，有一高坡，拾级而上三四十米，高坡逐渐平坦，中间微微凸起。在凸起的中间还有一小洼地。那个微微凸起四面又很平坦的高坡，活像一个胖罗汉的肚皮。"肚皮"中间的洼地，就像胖罗汉的肚脐眼。传说是五台山一得道胖高僧，看中了五龙庵前莲花塘这块宝地坐化而成。自清末民初以来，有些窑户老板，为取罗汉肚之吉利，先后在此建起五个大柴窑厂，垄断了镇上瓷器命脉。对罗汉肚，当地有句俗谚："罗汉肚，罗汉肚，肚上窑厂、坯房般般有；富人乐，穷人苦，又爱又恨罗汉肚。"

关于罗汉肚，民间还有一个传说。据说以前有个做琢器的坯坊佬叫朱茂盛，忠厚老实，从小随父亲学得一手捏泥做坯的好手艺。他在一个叫冯坤林的瓷行老板家里做伙计，冯老板尖酸刻薄，人称瘟神。冯老板家里杂事多、伙计少，朱茂盛一天到晚不得停歇。好不容易挨到腊月二十四，冯老板才赏赐了几个铜板，算是一年的工钱。朱茂盛心想，这几个铜板喝水都不够，哪里有钱回家过年，心里越想越难过，便一口气跑到罗汉肚的荒地上痛哭起来。他哭着哭着，迷迷糊糊便睡着了。他梦见一个大肚罗汉从天上飘然而下,站在他面前哈哈大笑,告诉他:"此处乃宝地,集天地之灵气,在此建窑场,生意必兴隆。"

朱茂盛醒来,见空无一人,以为是仙人托梦,便辞去冯老板家的活儿。在几个穷朋友的帮助下,他在罗汉肚这个地方搭起了两个小茅棚,凭借自己的手艺,自做自烧。果然,他窑里烧出的瓷器都晶莹剔透,且没有一只坏的。这个消息很快传到冯老板的耳朵里,他十分眼红。一天他特意买了一包灯芯糕登门拜访,软磨硬缠套出了朱茂盛宝窑的秘密。他还要求和朱茂盛合伙,朱茂盛再三推脱后,不得已,同意他在自己的窑旁边建窑。

冯老板听后心花怒放,急忙在罗汉肚中间搭建了一个很大的窑场和坯房。等全部竣工后,冯老板便亲自监督,眉开眼笑地看着窑工把一堆堆窑柴投进窑弄,火越烧越旺。突然,"轰"的一声巨响,紧接着噼里啪啦地响声不断,窑底破裂,窑场和坯房倒塌了,冯老板连同窑场和坯房都一起陷进大肚罗汉的肚脐眼里。冯老板万万没有想到,他的窑场刚好建在罗汉肚的肚脐眼上,窑火把肚脐眼烧穿了。

4. 吊脚楼口路难行

　　景德镇太白园街道有一条小弄——南通刘家下弄，北与玉路弄相连。这条弄巷很奇怪，巷道有二百三十多米长，宽窄不一。最宽的地方有三米，差不多可以走小汽车。窄的地方只有一米五，而到中山南路的出口处，则不到一米，两个行人并排进出都有困难，更别说推车挑担的了。

　　由于此弄地点好，靠近刘家码头，弄的中下段又很宽，行走方便，所以清末民初在此建的窑厂坯房很多。可是挑坯运瓷出弄口到中山南路，却成了难事。肩运的料板坯常被行人撞翻，惹出麻烦，大箩筐运瓷更成了问题。又不能把两边店铺的高墙拆掉，怎么办呢？当时有个名叫向元狮的大窑户老板（都昌人），和工人们一道商量，终于想出了一个好办法。他在两侧墙上架过楼，运坯挑瓷人在过楼上走，行人在过楼下走，各行其道，互不相碰，既方便了瓷户的运输，也方便了行人。群众给它一个很有意义的说法叫"占天不占地"，并形象地称为吊脚楼，一直沿用至今。

5. 裤裆弄里富商多

　　从中山南路沿麻石弄下行百米左右，有一条弄巷，东至涂家坦，西至中山南路东侧一百三十九号，弄长一百五十余米，宽近两米。此弄进口处呈"V"形，形似裤裆，在清代就以形取名叫了个很不雅的名字：裤裆弄。说来也真奇怪，这个名称难听的弄巷，却被不少富商看中了，偏偏要钻到这个"裤裆"里来住。为什么呢？说怪也不怪，原来这里有个传说。据说有个外地做生意的人，一天夜里梦见一个鹤发童颜仙人模样的老人对他说："你这人心肠不坏，记住一句话：'要想成富商，必须住裤裆。'"说完飘然而去。这人醒来好生奇怪：莫非此地真有个叫裤裆的地方？一打听果然有。他到实地一看，此处地势较高，是个居住的好地方。想到汉时韩信曾受过"胯下之辱"，后来成了淮阴侯，于是这个人就在此弄里购地建房住了下来。以后他努力经营，还真的发了家。这件事情一传开，镇上就先后有十多家富户，到裤裆弄里来建房定居，裤裆弄就改名成了富商弄。1973年又更名为富强弄，取其谐音，由俗变雅，由雅又变强了。后人有打油诗云："富商钻裤裆，只为自家旺。如今改名好，大家都富强。"（图1）

图 1　富强弄（裤裆弄）原址

6. 除妖惩恶半边街

半边街位于中山北路北端，东至大镜头，西至昌江河，南至半边横弄，北至观音阁，为城乡结合部。

半边街实际就是滨江街面。明清时期，坐落此地的许家码头，是瓷土、窑柴进口的重要码头，也是三间庙米市的进出口要地。半边街的由来和一个神话故事有关。

传说半边街这块地盘，是由一条经过千余年修炼成精的鳝鱼精托着的。有一年鳝鱼精想趁昌江洪水作乱，把景德镇淹为泽国。当时吕洞宾掐指一算，知道了此事，决定要拯救全城百姓于水火。

镇上有个窑户叫屠百万，一条街他一家就占了半边。平时，屠百万常欺侮坏房佬，简直无恶不作。这天，正逢屠百万做寿，吕洞宾变成了一个白胡须的老叫化子，托着一只肮脏的汤盘到屠家讨饭。屠家奴才如狼似虎，不但不给，还放出恶狗咬人。吕洞宾却不慌不忙，转身离去，将手中汤盘磕去半边，到街上去卖。

街上人们见一个叫化子满身破烂衣，手拿破盘子叫卖，都当他是个疯子。吕洞宾在街上叫卖了两天，一直无人问津。到了第三天傍晚，有个老倌走到吕洞宾身边开口劝道："老人家，我看你还是讨点吃的算了。街上那么多好瓷器，谁还买你的破盘子呢？"吕洞宾笑笑说："你不知道，我这个东西是块宝盘，你把它买去吧，不贵，不贵，只要两个铜钱。"

老倌听罢，心想：算了，我花两个铜钱把破盘子买下，就算行个善吧，省得这疯老头跌跌撞撞饿死街头。他伸手摸出两个铜钱买下了半边破盘。

说来也奇怪，当老倌接过破盘子之后，眼前的疯叫化子瞬间不见了，只听到有个声音在半空中对他叮咛道："两个铜钱半只盘，救苦救难真合算。四月初八发大水，抛向空中保平安。"

四月初八这天，果真雷电交加，大雨倾盆。老倌记起那只破盘子，忙取盘往空中抛去，顿时红光一现，一声巨响，奇迹出现了，除屠百万所霸占的街那边的店房统统被洪水冲走之外，剩下的半边街安然无恙，是吕洞宾把鳝鱼精收走了。屠百万为富不仁，自作自受，得到神仙的惩罚，大快人心。此街所剩部分就得名"半边街"。（图2）

图 2　半边街原址

7. 护地三打黄家洲

黄家洲原名王家洲，是何家洼西侧的一块洲地，据说是乾隆皇帝私访景德镇于此处登岸而得名。相传很早以前，这块洲滩上长满了竹子，没有人烟，只有一座叫竹林庵的小庙。后来，这里来了一批都昌贫民，利用竹林，以花篾编织瓷用花篮为生。竹子砍光了，这批贫民在洲地贩卖下脚瓷器。因来往船只很多，生意倒是兴隆。

时至清初，景德镇瓷业得到了迅猛发展，不少客商因贩卖瓷器而发了大财。他们为了长驻景德镇，以地缘为纽带，纷纷建造会馆。其中苏州和湖州人联合，在王家洲东侧建造了气势恢弘的会馆，名曰苏湖书院。苏湖书院的首事徐纪纶、沈大仁觊觎着河边洲地，企图进一步扩展会馆领地。于是，他们带了一份厚礼，拜会了浮梁知县方宏智、县丞薛成绣。在他们的默认下，徐、沈二人修改了地契，并命人设置界桩，最后一根界桩居然插到了河边。同时贴出告示，略云：凡界桩以内皆为会馆地盘，全馆将逐步扩建之。凡在本会馆地盘上搭棚做买卖者，须向会馆交纳地租云云。洲民们看到祖辈们经营的土地被占十分生气,在洲民冯长先的带领下,大家将所有告示撕得粉碎,将所有界桩拔起,将河边的界桩旗杆折成数节。会馆的打手前来抓人,冯长先等便与他们厮打。徐纪纶命打手全上,于是将冯、周等人扭到县衙。县丞薛成绣责令每人各打四十大板,厉声说:"再若聚众闹事,定当重罚不饶!"

第二天,徐纪纶派人重设了界桩,重贴告示。不久,在洲地中央建起了戏台,戏台前面竖起了一根丈高的旗杆,旗杆上挂有苏湖书院的彩旗。洲民们早就气得牙齿格格响。冯长先再次带领洲民将戏台推倒,将旗杆砍掉。会馆的打手也倾巢而出,与洲民扭打成一团。徐纪纶见事不可为,便命令打手撤回会馆。这时大批县署的衙役过来准备抓人,冯长先、周以升挺身而出,为维护洲民的利益而被带到会馆。

在紧急情况下,一个叫黄大毛的站出来,带领众洲民,用砍竹刀砍倒几棵大树,然后猛烈冲击会馆大门,以营救冯、周二人。不一会,大门被冲开了。大家冲进大院,只见冯、周二人被捆在高台上,衙役拿着雪亮的砍刀,架住二人的脖子。徐纪纶厉声说:"县太爷有令,洲民们若再闹事,先将冯长先、周以升就地正法!"冯长先大声说:"乡亲们回去吧,到了县衙,我二人就是死,也要把洲地争回来!"洲民们唉声叹气地退出了会馆。

洲民们三打王家洲一事,引起了旅景都昌人的关注。会首们来到洲地,将王家洲的历史和现状写成状纸,交与黄大毛等人,交待说,省里不准,就告到京城刑部。

果不出都昌会首们所料,浮梁县署早有公文到省。洲民们只好日夜兼程赶到京城,头顶状纸,一字排开跪在刑部门口。刑部尚书闻禀,心里思忖:万岁爷喜欢瓷器,现在出瓷器的景德镇状告到北京,其中定有蹊跷。他一边安抚洲民,一边派人前去景德镇查办。查办结果,洲民所告属实。于是刑部判定：苏湖会馆首事仗势欺人，霸占洲地。徐纪纶杖一百，流放三千里；沈大仁杖一百，徒刑三年。浮梁知县方宏智、县丞薛成绣由吏部革职查办。苏湖会馆退回到原界址，洲滩仍由洲民卖瓷。

  洲民们为庆祝胜利，在原戏台处重搭戏台，在原旗杆处高竖天灯。从年底起，台上演戏，空出场地滚龙灯、舞狮子、打蚌壳、赶旱船，一直闹到元宵节。以后洲民们约定俗成：腊月二十三，洲民将竹棚迁往河边墩头，空出场地尽情玩耍，或滚龙灯，或舞狮子，直闹到来年二月初一，竹棚迁回洲地，才开始做瓷器生意。据说黄家洲舞的狮子与别处的不同，有一只是黑色的，另一只是黄色的，取名叫"乌一黄二"。人们只要看见这两种颜色的狮子灯上了街，就知道是黄家洲的狮子灯来了。

  这王家洲为何叫成黄家洲，相传因取得这场官司胜利的洲民首领姓"黄"，大家约定俗成地把王家洲改称"黄家洲"了。后来，洲上的都昌人成立了"破碗公司"行会，规定只有入了会的洲上提篮走洲人，才可以到窑户家或瓷行收购次品瓷（破损的瓷碗），到洲店进行加工后再在洲上贩卖，这成了洲上人的专利。《陶阳竹枝词》亦有描述："轻灵手段补油灰，估得明堆又暗堆。好约提篮小伙伴，黄家洲上走洲人。"

二 泥与火的艺术

很多人童年都玩过泥巴，但只是作为一种娱乐，其实玩泥巴也可以成为一种艺术，成为与人们生活须臾无法分开的一种职业，成为影响一个地区经济、社会发展的文化品牌。景德镇瓷业，就是一种朴素而高雅、机械而繁杂的泥的艺术。这种艺术体现为随意挥洒的灵性，同时又凝滞了繁多的固定工序。明朝宋应星《天工开物》记载，景德镇瓷器"共计一坯之力，过手七十二，方克成器"。

1. 瓷坯的成型

瓷泥要转变为瓷器,要经过几次"变脸"。第一次"变脸"就是要把瓷泥变成瓷坯,这次变化是最基本也是最重要的,相当于打模子,模子没做好,要制作出精美的瓷器就是一句空话。打模子这一行当,用行话说,叫制坯业。这个行业根据模子的形状又可以分圆器和琢器两种类型。

圆器作坊

据《景德镇陶录》叙述,景德镇圆器制坯业工序繁杂,有淘泥、拉坯、印坯、旋坯、画坯、舂灰、合釉、上釉等分工,各道工序环环相扣。

(1)淘泥。

做瓷器的泥巴其实不是泥巴,而是从瓷矿石转变来的。这就需要粉碎瓷矿石,过去瓷矿石加工厂一般建在水流湍急的岸边,利用水力推动"水碓"把瓷矿石捣碎成瓷石粉,又称作"瓷土"。这种瓷石粉还很粗糙，不能直接用来做瓷器，需要进行淘洗，然后需要沉淀，这样的过程有时候甚至要重复进行。另外，"淘泥"不仅仅是指淘洗，还要进行过筛，筛下来的细腻土颗粒还要经过淘洗工序，得到泥浆，再通过沉淀和去水进行干燥后得到瓷泥，这些环节构成了瓷器烧造的第一个流程。（图3、图4）

图3　古代陶泥

图4　现代陶泥

（2）拉坯。

"几家圆器上车盘，到手坯成宛转看；杯碟循环随两指，都留长柄不雕镘。"[1]拉坯，通俗地说，就是根据客户需要用瓷泥做成器皿最初形状的一道工序。方法是将做坯用的瓷泥团置于辘轳车上，在其转动中，以手和刮板把坯拉成所需要的圆形形状，如碗、盘、杯、碟等。景德镇不少老坯工技法娴熟，拉坯时常常可以做到"手随泥走，泥随手变"。（图5、图6）

图5　古代拉坯

---

[1]龚鉽.陶歌[M]//熊寥，熊微.中国陶瓷古籍集成.上海：上海文化出版社，2006：573.

图6　现代拉坯

拉坯具有鲜明的手工痕迹，全靠手法熟练，凭双手十指可拉成各种形状的坯。当然，拉坯的效果取决于个人的悟性和经验，对泥巴特性与用泥量的直觉感知和把握。

（3）印坯。

"出手坯成板上铺，新坯未削等泥涂；钧陶自古宗良匠，怪得呈材要楷模。"这道工序叫印坯。简单的来说，就是修整最初的模子。方法是将晾至半干的坯放到预制好的模型套上印压，使坯体周正匀结；另一方法是将适量泥料揉入模子，用手工抚压，然后加以修整。（图7、图8）

修整的工具，俗称"盔帽"，印坯操作称为"拍死人头"。"覆搏用盔帽一印，微晒留滋润又一印"，印坯一般要经过两次。

图7 古代印坯

图8 现代印坯

（4）利坯。

利坯，又叫旋坯，简单的来说就是通过用刀具对半干瓷坯进行进一步的修整，使瓷坯基本成型。"坯乾不裂更须车，刀削圆光不少差；此是修身正心事，一毫欠阙损光华。"可见在制瓷工艺中这是一道技术要求很高的工序。（图9、图10）

图 9　古代利坯

图 10　现代利坯

这也是一道考验坯工悟性和经验的工序。对坯体蓄泥厚薄的测定和识别，需要有丰富的利坯经验才能觉察出来，如不少坯工通过用手指抚摸或轻弹坯体听其不同部位的响声来判断坯体蓄泥的厚薄。

（5）画坯。

精美的瓷器，除了烧制的色彩，也离不开画坯。画坯就是指用青花和釉里红釉下色料在坯上画纹饰。凡属青花瓷器,不论圆器琢器大件小件,都须经过画坯这道工序。画坯很讲究,"画者画而不染,染者则染而不画,器上边线青箍出于旋坯之手,底心铭款又归落款之工,各有专责"。[1](图11、图12)

图11　古代画坯

图12　现代画坯

---

[1] 章柏青,吴朋,蒋文光. 艺术词典[M]. 北京:学苑出版社,2009:223.

（6）剎合坯。

剎合坯即施釉。它是在器坯内外上一层玻璃质釉，使之光润。其方法有蘸、浇、吹、荡、涂等。具体来说，这道工序又包括五道小工序，即捺内水、荡釉、捺外水、蘸外釉和施底釉。（图13、图14）

图13　古代剎合坯——蘸釉荡釉

图14　现代剎合坯——蘸釉荡釉

（7）剐坯。

坯体内外施釉后即可进行剐坯。剐坯和利坯相同，将坯在"利脑"上定位后，先用剐坯刀把坯底柄切平，底坝达到规定标准后再剐出坝沿，然后镂底部内腔，最后滚圆坝脚。剐坯要求坝沿如灯心草形，底剐下肩要透明。坯剐好后再施底釉，即可装匣烧炼。（图15）

（8）装坯。

把生坯（半成品）平稳放入匣钵（用耐火材料制成的陶瓷制品焙烧容器）内的过程叫装坯。装坯也很讲究，要按坯件大小、厚薄、重

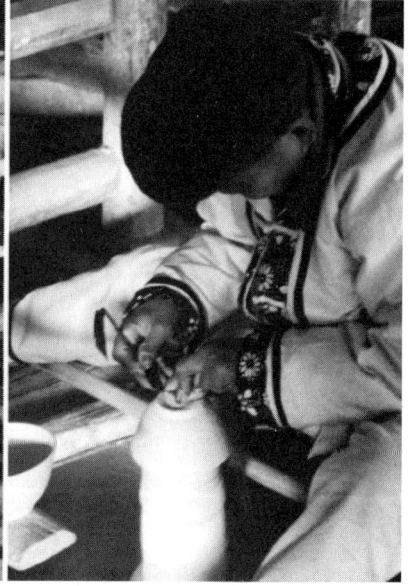

图15　剐坯

心来选择最经济简便的方法，以免造成制品的变形、粘粑、开裂等。（图16、图17）

图 16　古代成坯装匣

图 17　现代成坯装匣

琢器作坊

琢器生产和圆器生产的工种大致相同，但琢器比圆器制坯方法更复杂，工艺要求也更高。从事这一行业的业主和工人多为丰城人和抚州人。在这一行业中，又分大件、粉定、古坛、官盖、滑石器、淡描器、针匙、博古器、灯盏等业。

生产品种：

①大件作坊：制造大瓶、花缸、花钵等瓷器。

②粉定器作坊：琢器制品中的上等品，统称为粉定器。

③雕削作坊：制造雕塑瓷器，产品种类很多。

④古坛作坊：制造淡描花坛等瓷器。

⑤官盖作坊：制造茶缸。

⑥滑石作坊：制造粗杂瓷器。

⑦淡描器作坊：制造青花粗瓷。

⑧针匙与汤匙作坊：针匙是长柄羹瓢，汤匙是旧式短柄的羹瓢。

⑨博古器作坊：生产各种异形瓷器。

⑩灯盏作坊：造瓷器灯盏，用食油点灯草照明用。

主要工序：

琢器坯料、釉料的制备方法与圆器坯料、釉料的制备方法相差无几。做坯的方法与圆器做坯的方法也大致相同，不同的是：

①琢器的坯做得比圆器厚得多，通常厚度为1～1.5厘米。

②琢器有的品种往往一件坯要做成几段。比如做花瓶，有的就要做成3段，一段为瓶颈，一段为瓶身，一段为瓶底。

③做特大坯件时，其做法又大不相同，做时需先将坯泥搓成条状，

在车盘上围成一个圆圈,这时须由 2 人面对面地攀转车盘,2 人搀扶着做坯工的左右腋,由做坯工艰难地将坯做成所需之形状。成形后,将其放下,再如此制作第二个、第三个圆圈……待各段成形后,再用泥浆将其一段一段粘接起来,然后进行修补。坯做好后,待其干至一定程度,即进行整坯。方法是用刀将坯底拍紧,以防制品裂底(俗称水拆)。待整好后的坯胎干至一定程度时,即进行利坯。利坯、剁合坯、剐坯、装坯等与圆器操作大致相同,稍有区别。(图18)

图18 琢器做坯

2. 最"热"的行业

"泥做火烧,关键在窑",瓷器不仅是泥的艺术,也是火的艺术。瓷坯烧制成型是陶瓷制作过程中最重要的工序之一。"匣器调色,与书家不同,器上诸色,必出火而后定"[1],烧制是最后的定型。"过火则老,老,不美观;欠火则稚,稚,沙土气"[2],火的把握至关重要。胎体变形、破损、色釉和色调的冷暖及纹样的形成是否如意,都取决于火的煅烧,景德镇习惯称为烧炼。这一行业俗称烧窑业,是景德镇最"热"的一个行业。烧窑业内又衍生出不少行当,如砌窑、修窑、装匣、满窑、烧窑、开窑等。

烧窑业有"一场、两行、三店"之称。"一场"即是窑场;"两行"是指为窑场服务的"满窑"和"挛窑"的两个行头;"三店"则是"两行"中所经营的"满窑店"、"挛窑店"和抹泥店"。

抗日战争前,景德镇有窑140座,其中:柴窑118座,槎窑22座,

---

[1] 朱琰.《陶说》译注[M].傅振伦,译注.北京:中国轻工业出版社,1984:32.
[2] 吴骞.阳羡铭壶系[M]//高英姿.紫砂名陶典籍.杭州:浙江摄影出版社,2000:9.

挛窑店2家，满窑店4家。这些窑共拥有工人三千多人，其中：柴窑为2400～2500人，槎窑550人左右，挛窑店近80人，满窑店100人上下。窑户百余家。尽管烧窑业远不如做坯业的规模和人数，但却是景德镇瓷业生产中一个举足轻重的行业。（图19）

图19　20世纪二三十年代古瓷窑建筑外观

烧窑的"秘诀"

（1）满窑。

满窑又称装窑，就是将装有瓷坯的匣钵，按预先的设计，装进窑炉内。烧窑业有"一满二烧三熄火"的说法。满窑是最关键的工序，窑位满得不好，直接影响陶瓷的品质成色，甚至导致倒窑的危险。故有"满窑如绣花"的说法。满窑时把桩师傅必须亲自到现场指导。窑位排列受众多因素影响，诸如瓷釉类型、匣钵状况、气候变化、燃料属性等。瓷釉类型不同，对温度的要求不同。匣钵新旧、质量好坏，其受热程度不同。天气阴晴、刮风下雨等气候变化，对火路通畅性要求不同。燃料类型、燃料质量、燃料干湿等也是满窑需要考虑的因素。《景德镇陶录》有简洁描述："瓷坯既成，装匣入窑，分行排列。中间疏散，以通火路。其窑火，有前、中、后之分。安放坯匣，皆量釉之软硬，以定窑位。"[1]镇窑窑室高大，结构特殊，没有吸水孔，没有闸板，对火焰的控制主要靠匣钵柱的松紧稀密来调节，即一满二关，才能烧出好瓷器。满窑的第一关，窑工在生产实践中需摸透火的脾气，把握满窑烧窑"卡和放"的技巧。所谓"卡"就是卡住火路，不让火四处跑；"放"就是让火按照满窑设计的火路运行。而通过控制火来保证各窑位的温度与环境达到要求，就是靠满窑的匣钵的排布与匣屑装置及数量来调节。镇窑是平焰窑，窑室前高后低，窑底又无吸火孔，温度分布为窑顶高，下部及窑底低，特别是靠近窑尾的下部更低，因

---

[1] 蓝浦.景德镇陶录［M］//熊寥,熊微.中国陶瓷古籍集成.上海：上海文化出版社，2006：477.

而装窑工需要凭经验和技术进行满窑。（图20、图21）

图20　古代满窑

图21　把桩师傅胡家旺在指导满窑

（2）坐槛板。

满窑时，管开窑簿的师傅都要上窑去"坐槛板"，记录瓷器数。按照惯例，计算烧窑费，小器以入窑匣坯的高度为标准，大器则按出窑数的多少为标准，管开窑簿的师傅们要在满窑时将这些数据记录下来，作为日后算账的依据。

（3）封窑门。

等窑装满后，接着就用碗类匣钵砌筑火床，并用八块窑砖叠放在炉栅空隙处。在炉栅上放上点火用的引柴，然后即可进行封窑门。窑门是用窑砖砌就，下面留有点火孔，中部留有投柴口，上部用碗类匣钵镶砌两个窑眼，传说是为了纪念风火仙的。实际上烧窑时烧窑师傅根据火焰高温颜色可以大体掌握烧成的进程，在某种程度上窑眼可用来观测窑前的温度。窑门砌好后即可点火，点火后，即可用逆性黄泥涂塑窑门。在窑门涂塑黄泥之前点火比较容易，这是因为从窑门砖缝隙间可以进入空气。

（4）烧窑。

烧窑是瓷坯炼成瓷器的全部过程。旧式烧窑一般一窑次为16～18小时，一般是下午4时点火，次日凌晨4时歇火。烧一次窑没有绝对的时间，要视当时的季节气候、窑柴质量及其他因素综合而定。（图22）

一般来说，开始要溜火慢慢升温，即每把柴慢慢地溜进去，然后逐渐加快。到了一定温度要用紧火，小即"烧窑如打铁"。"陶器入窑，初曰溜火，欲干于火而无赢。既曰紧火，欲熟于火而无缩。风火之窑，审候为难。"[1]如果对火候处理不当，瓷器就会出现烧不透或过火的情况，导致瓷器质量、质地、色泽方面的瑕疵。"火不紧洪，则不能

---

[1]朱琰.陶说［M］//熊寥，熊微.中国陶瓷古籍集成.上海：上海文化出版社，2006：339.

图22 古代烧窑

一气成熟；火不小溜，则水气不由渐干，成熟色不漂亮；火不沟疏，则中后左右不能烧透，而生甑所不免矣。"[1]

烧窑过程有二次"清火"，一次在上半夜结束时，一次在下半夜结束时，封闭槎口，扒清余炭，让火下挫，以烧熟脚下瓷器。一天一夜的烧窑，工人分班进行，驮坯工领班烧上半夜和次天上午，加表工领班烧下半夜和次天下午。交换班时，要详细介绍情况，以便下一班掌握火候。把桩师傅则是在适当的时候前来看火候，有问题，及时解决。

窑烧得不好，会出现三大事故。一是"爽"，即窑火升温不够，造成全窑瓷器不熟；二是"老"，即升温过度，瓷器流釉，特别是青

[1] 蓝浦.景德镇陶录[M]//熊廖，熊微.中国陶瓷古籍集成.上海：上海文化出版社，2006：502.

花瓷，画面流淌不清；三是倒窑，有时数根，有时"牵骡子"，即全窑瓷器几乎全部倒塌粘在一起。事故因素很多，有气候原因，满窑时又没有采取防范措施；有满窑不当，或是用了严重破损的匣钵；此外，还有窑挛得不好，或窑篷变形等。

歇火后，用长钩拆除窑门，让其冷却。一般冷却一天两夜，第三天开窑。有时积坯多，急于再烧，只冷却一晚，第二天开窑。

（5）开窑。

开窑是从窑内搬出匣钵，取出瓷件和清理窑室，并做好烧窑的收尾工作。《陶录》载："有外伴专业此务，开窑则召来者；有管债人兼作此务者。"[1]开窑一般是在歇火后的第二天上午进行。开窑时匣钵尚红热，人不能近，开窑工以厚布手套蘸水，用湿布包头面，入窑抢出，故成专业。

槎窑由小伙手去通知各搭坯户，柴窑则由收兜脚去通知。在搭坯户到来之前要揭下挡窑门的三根匣杪和所有小器的杪，摆好开窑凳。窑户工人要注意搭坯户是否将每只瓷器都取出匣钵，称之为"赶麻雀"。已烧成瓷的破碗也要算柴钱，于是，丢在地上或篮里的碗，如发现要捡到一旁。这是"包青窑"留下来的传统。（图23）

窑户和管理人员

窑户：即经营烧窑业的烧窑主。通常所称的烧窑户，有柴窑户、槎窑户，还有一种搭坯烧的叫搭坯户。柴、槎两种窑所用的燃料不同，烧炼的瓷器不同，乃至各窑的工人数及分工也不尽相同。

---

[1]蓝浦，郑廷桂.《景德镇陶录》详注［M］.傅振伦，注释.北京：书目文献出版社，1993：35.

图 23 古代开窑

柴窑户：柴窑是指用松柴做燃料的窑。经营柴窑的有两类，一类是烧窑、做坯两行都兼备的窑户；一类是专门烧窑的所谓"烧挂脚"的窑户。民国初期，柴窑户开业，柴窑户要向他们的行帮陶庆窑缴纳入会金，才能获准。20世纪20年代后，柴窑户成立同业公会，但仍打着"陶庆柴窑同业公会"的招牌，并且按照旧规缴纳会金。

柴窑的工人有把桩(窑厂生产指挥者，也写作"把庄"，古代俗称"火头""烧夫")、驮坯、架表、收兜脚、挛匣、打杂、小伙手、三伕半各1人，二伕半、一伕半各3至4人，车匣屑工1人，挑夫2人，管事4人，共21～33人。

槎窑户：烧制粗瓷，如灰器、渣器等，除小部分在柴窑的"余堂"烧成外，其余都在槎窑内烧成。槎窑的燃料为松枝、茅草等，烧成温度较低。

槎窑工人包括把桩、做重、打大槌、收砂帽、挛匣钵、小伙手各1人，散做的有红半股、黑半股、打杂的各1人，管事、徒工各1人，

二 泥与火的艺术 | 37

数槎2人，挑柴5～7人，管窑4人。

在窑业中，把桩、下港和管开窑簿的师傅是管理人员。

把桩：过去景德镇有句俗话："三年可出一个状元，十年难出一个把桩。"烧窑的时候，窑里的技术负责人俗称把桩或把桩师傅。把桩师傅是窑里技术最高、威望最高、工资最高的师傅，窑内所有的工人都尊重地叫他师傅。把桩师傅不仅要精心安排每次窑的位置，制订完善的烧窑操作流程，更重要的是在烧炼过程中，要凭经验观察火焰色泽，对火候进行准确的判断，稍有不慎，全窑将导致不可估量的损失。把桩师傅观火也有"秘诀"。把桩师傅要等瓷器烧到一定程度以后，有时会从看火孔中吐一口唾沫下去，根据唾沫在火里的燃烧状况判断窑膛内温度。把桩师傅观火的诀窍，清代龚鉽对之赞道："满窑昼夜火冲天，火眼金睛看碧烟；生熟总将时候审，此中丹诀要亲传。"在过去没有测温仪器的年代，把桩师傅对火候的把握至关重要，烧窑对把桩师傅的要求也很高，把桩师傅看火完全是靠经验的积累。

下港：下港是为窑场采购窑柴的专职人员。下港先生的职责就是了解市场，进行采购，相当于现在的采购员。他经常深入窑户囤柴处，看看缺少哪一等级的柴，松柴价格的高低、尺码的长短等，以便即早准备。

管开窑簿：管开窑簿的师傅掌管记录烧瓷的数量。满窑时，管开窑簿的师傅与工人一起清点将要入窑坯的数量；开窑时，核查成瓷数与满窑出入多少。

3. 红店与红店佬

红店,是景德镇特有的本土陶瓷文化,它源于元代,萌于明代,巅峰于清代。而红店其实就是从事釉上装饰的场所。画瓷工称之为"红店佬",画瓷称之为"画红"。珠山八友就是红店的代表人物。

红店

景德镇专门在白胎上进行彩绘加工的店铺叫红店。红店的历史没有明确记载。《醒世恒言》中载:"话说江西饶州府浮梁县,有景德镇……乙大做就瓷器,就是浑家描画花草人物,两口俱不吃空。"乙大妻子绘瓷器之所实为红店。可见,明代万历年间景德镇已经出现红店。为什么称红店呢?有两种说法。一说为朱元璋推翻元蒙统治,恢复汉制,建立明朝后,因蒙古人尚白,而汉人以红为吉,红色有吉祥、兴旺、喜庆的寓意,且"红"与洪武国号"洪"字谐音,"红"便成为权贵之色。因而,从明代开始,景德镇创烧了不少以铜红釉为主的"祭红""霁红""积红"等多品种的红釉瓷,绘瓷之所便称红店。另一说认为红色是诸色之首，如红、黄、蓝、白、黑或赤、橙、黄、绿、青、蓝、紫等，故而从事彩绘的店铺称为红店。

景德镇红店可分为美术、写意、粉古、洲店等业别。今天，为了旅游需要，景德镇打造了一条红店街，位于景德镇市单栅门一号，毗邻莲社北路——景德镇中华陶瓷一条街。它可以说是中华陶瓷一条街的延伸，成为景德镇陶瓷历史文化旅游的一个新亮点。

红店佬

景德镇有句俗话："打赤膊的是窑里佬，打赤脚的是坯坊佬，穿白杭纺长衫的是红店佬。"红店画工俗称为"红店佬"，因其技术要求较高，工资收入比一般窑场、坯场的人稍高，因此，他们的衣着也就比较讲究。比如说在夏季，窑场上的工人一般是头上缠白土布汗巾，上身打赤膊，下身穿紫花土布裤，赤脚草鞋；坯坊佬则是一身土布褂，赤脚或者布鞋，从头到脚沾满了雪白的坯粉；唯有红店佬，离开了画桌，便打扮得整整齐齐，衣冠楚楚，一副斯文的模样。

民国时，景德镇从太平巷到戴家弄这一地段的大街小巷，有几百家大大小小的红店，几乎占了半个市区。大多数红店，都是由家庭成员所组成的夫妻店、父母子女店、兄弟姑嫂店等；也有带个把徒弟，请一两位师傅，自己开办的店铺；还有由窑户请人加工兼办饰瓷业务的店铺；专门雇工经营的红店的只有几家，每家也只有十多个工匠。（图24、图25）

红店画工都有晚上干活的习惯。有的不愿回家，便在红炉边打瞌睡到天亮。即俗话说："红店佬没有被子，是睡炉灰的。"之所以习惯于夜间作业，一是因为夜间清静，少有人打扰，便于他们构思和创作；二是红店里有一些有名气的画家，比较保守，也怕自己的新画面、新技法被人窥视,所以常在深夜操作,然后用煤油灯熏黑画面,达到自我保护的目的。

图 24　古代红店彩绘

图 25　画红

4. 辅助行业

景德镇瓷业从大的方面讲有"烧""做"两大行，即烧窑业和成型业，围绕这两大行有原料、燃料的生产和供应，有生产工具、窑具的生产和供应，有窑炉的砌筑和修理，有瓷器的挑拣和包装等很多辅助性的衍生行业。其中大部分行业都是手工生产劳动，有的技术性很强，这些行业在演变过程中形成了各自的生产习俗。

白土业

白土业是对瓷土进行开采加工，为制瓷提供原料的一个行业。其主要加工方法是：先用铁锤将从山上开采下来的瓷石敲成鸡蛋大小的块状，然后将碎块倒入水碓并舂成粉末，再将粉末铲入池中搅拌淘洗，待其沉淀、去渣、稠化浓缩后，再将其做成长方形的土墩，俗称不子或白不子。（图26、图27）

图 26　瓷石粉碎

图 27　水碾粉碎瓷石

二　泥与火的艺术 | 43

窑柴业

窑柴生产行业，是生产烧瓷燃料的一个行业。窑柴，即松木块。民国时，窑柴的产地主要分布在浮梁县东、南、西、北乡的通航地区，其次分布在波阳、乐平、余干、万年、婺源、祁门等县的通航地区。（图28）

制模业

制模行业，是专为圆器制坯厂家制作与修理印坯用模的一个行业。其经营方式为包办制，即某制坯厂家一年给某模型店一定数额的包办费，其全年所需的印坯用模便由该模型店包制、包修。除付工钱外，

图28　垒好的窑柴

窑户每年的上半年和下半年,还要各请一次承包印模店的老板和师傅吃次"模利酒"。

制刀业

制刀业是专为制作利坯刀具的行业。这个行业,旧时只有瑞州(今高安)人在景德镇经营,技艺不传于外地人。它与圆器窑户是世袭的"宾主制"。镇内习惯每年演戏要从"三把刀"(坯刀、篾刀、屠刀)开始,坯刀享有首先看戏的特权。(图29)

图29 坯刀店工人制刀场景塑像

制筛业

制筛行业，是制作、出售瓷用绢筛、钢丝筛的一个行业。据统计，民国十七年（1928年），景德镇设有这类筛店共13家，其中制作绢筛的11家，制作钢丝筛的2家。当年这13家筛店中，11家可制筛但无权出售，拥有售筛权的仅2家。

制笔业

制笔行业，是以制作、出售瓷用毛笔为主，同时兼营民用毛笔的一个行业。制作瓷用毛笔，需经拔、洗、浸、顿、切、配、扎、抖、修等一百多道工序。江西临川的李渡、文港毛笔制作历史悠久，占据了景德镇的主要瓷用毛笔市场。据统计，民国十七年（1928年），全镇共设有制笔店15家，以临川李渡村人为多。著名笔店有"紫兴堂""林文堂"等。（图30）

图30 瓷用毛笔的制作

木器业

木器行业，是以制作、出售各类瓷用木器为主，兼营各种民用木器的一个行业。

竹器业

竹器行业，是以制作、出售各种瓷用竹器（篾器）为主，兼营各种民用竹器（篾器）的一个行业。民国时，竹器行业生产的瓷用竹器（篾器）种类很多，包括各种规格和形状的竹端、瓷篮(篓)、条形黄篾片（如刹利篾之类）、竹椅（如竹椅、竹凳、竹坐垫之类）、篾筛、竹扁担，等等。

匣业

匣钵亦称匣，是陶瓷制品焙烧的容器。经营制作这种容器的行业就是匣业。匣钵以耐火材料制成，作用是防止瓷坯与窑火直接接触，避免污染，提高装窑密度，使制品互相隔离，不致粘结。

匣业以其制作器形的大小，分为"大器"和"小器"两类进行生产。

（图31）

图31 匣钵坯

挛窑、满窑业

挛窑指砌窑、补窑。满窑即装窑。这两种技术性工作分别形成了两种行业，在清末有两行三店的说法。两行指挛窑行业和满窑行业；三店就是挛窑店、抹泥店、满窑店。（图32、图33）

图32 蛋型窑挛窑现场

图33 挛窑师傅余云山在示范挛窑过程

二 泥与火的艺术 | 49

茭草业

茭草业即以干稻草（禾秆）为主要材料包装瓷器的行业。以包装为中心工作环节，茭草业有把桩、看色、茭草和打络子四个行头。在这些行头中有各自不同的生产管理习俗。（图34）

图34 20世纪50年代茭草业工作一览

三 名目繁多的行帮规约

随着景德镇瓷业的发展和社会分工的细化，行业内部为了维护本行业的利益，建立了众多行业帮会。这些行帮组织为了维护本帮利益，各自都制定了排他性的繁杂规约，构建起景德镇纷纷扰扰的瓷界江湖。

1. "陶阳十三里"

景德镇的范围不大，仅"陶阳十三里"，但它却是商贾云集、五方杂处的工商业码头，有"十八省码头"之称。关于"陶阳十三里"的由来，有两种说法。早在明代洪武十四年（1381年），"诏天下编赋役黄册，以一百十户为一里"[1]。景德镇隶属浮梁县，全县有一百零三里，而为御器厂编役的人夫，却是在划定的十三里之内，其他里邑"非常令不得充役"。这是关于"陶阳十三里"的旧说。《景德镇陶录·图说》有言："自观音阁江南雄镇坊至小港嘴，前后街计十三里，故又有'陶阳十三里'之称。"[2]这里所指的十三里，显然是泛指范围面积。（图35）

---

[1] 张廷玉.明史[M].北京：中华书局，1974：1878.
[2] 蓝浦，郑廷桂.景德镇陶录校注[M].欧阳琛，校注.南昌：江西人民出版社，1996：1.

图35 东埠瓷土搬运码头遗址

景德镇面积不大,但店铺林立,瓷商云集。明代,随着资本主义萌芽的出现,景德镇瓷业兴旺,商业繁盛,成为全国制瓷中心,被称誉为"江南雄镇",与广东佛山、湖北汉口、河南朱仙镇并称全国四大名镇。明嘉靖年间,景德镇瓷业产销发达,市场空前广阔。《陶书》载:"其所被自燕云而北,南交趾(越南),东际海,西被蜀,无所不至,皆取于景德镇,而商贾往往以是牟大利。"[1]而民营瓷业更为兴旺发达,民窑众多,据不完全统计,约有900座。《景德镇陶录》载:"列市受廛,延袤十三里许,烟火逾十万家,陶户与市肆当十之七八。"[2]《陶说》记载了其盛况:"景德镇袤延仅十余里……以陶来四方商贩。民窑二三百区,工匠人夫不下数十万,借此食者甚众。"

---

[1] 王宗沐.江西省大志·陶书(卷七)[M].北京:成文出版社,1989.
[2] 蓝浦,郑廷桂.景德镇陶录校注[M].欧阳琛,校注.南昌:江西人民出版社,1996:97.

2."要做窑，先投行"

景德镇瓷业的繁盛，大量人口的聚集，围绕瓷业生产从而形成了错综复杂、名目繁多的行帮组织。仅从其百余年的历史来看，各种大小行帮400多个。

这些行帮最明显的特征就是以乡族为核心。行帮主要由同一县籍人构成，同一地域是其形式，而其核心则是乡族关系。虽然景德镇因手工业的高度发达，汇集了来自全国各地的手工业者和商人，"工匠来八方"，打破了家族世擅技艺的促狭，但在宗法观念浓厚的传统社会，旅景的异乡人通过乡族扶持而来，血缘、地缘、业缘都以乡族亲情为中心，"其人守职之专，世世相承，至以族姓著称（如都昌之冯、余二姓多业烧窑），历数叶而不替"。[1]技艺只能在行帮内部承袭，"所执之业，各据一帮"，"各据一行，不传他人"，"其业之精者，

---

[1]熊寥，熊微.中国陶瓷古籍集成[M].上海：上海文化出版社，2006：675.

且仅传其本帮,而世守其业"。[1]因此行帮的地域特征是以乡族为核心。这决定了行帮的封建性,对内墨守成规和竭力维持其成员的平等经济地位,防止两极分化;对外有强烈的排他性和限制性,阻碍技艺的交流与传承。俗话说:"要做窑,先投行。"行帮的这些特点,使得从事瓷业的各色人等,在可能选择的范围内,都尽可能加入更有势力的行帮组织。

当然,景德镇瓷业行帮也有积极的意义。对广大工人来说,行帮内彼此相互帮助,有利于维护个体成员利益。而行业规约对行业成员行为的控制,加强了行帮的凝聚力,在一定程度上也有利于行业稳定,甚至社会稳定。因而,对于景德镇瓷业的发展,瓷业行帮就是一把双刃剑,保护和破坏作用并存。随着中国封建社会的结束,景德镇瓷业行帮也随之寿终正寝。

---

[1]向焯.景德镇陶业纪事[M].福州:开智印刷所,1920:4.

3. 都帮、徽帮与杂帮

景德镇瓷业行帮组织结构复杂,甚至出现帮套帮、会重会的现象。但掌握景德镇经济命脉的主要是三大帮派,即都帮、徽帮和杂帮。三大帮派互相交织,势均力敌,鼎足而立。

都帮:"近来随路唤都昌"

都帮是都昌籍同乡组成的行业帮会组织,是景德镇帮系中最大的一帮。都昌距景德镇仅50公里,地处鄱阳湖畔,人多地少,水患连年。恶劣的生存环境迫使人们多到景德镇谋生。都昌人最初主要从事搬运白土等重体力活,后逐渐站住了脚。"繁忙季节,每座窑一般雇工100～200人,景德镇人口上升大约为40万,近一半来自都昌。"[1]有谚谣云:"十里长街尽窑户,近来随路唤都昌。"景德镇实为都昌

---

[1] 詹嘉,何炳钦.明清时期景德镇商帮行会与陶瓷发展[J].中华文化论坛.2010.(1):13.

人第二故乡。《浮梁县志》载:"按景德镇烧窑之户,本省则都昌县人居多,本府与抚州府及安徽之婺源县、祁门县习其业者十仅一二,而本县之人盖鲜。"[1]都帮人多财广,掌握和把持着全镇的陶瓷业务。都帮以都昌的冯、余、江、曹四大姓为首,联合张、王、刘、李等各姓推选帮首,总揽一切。俗谚云:"冯余江曹大似天,张王刘李站两边。"由此可见其势力的影响程度。景德镇制瓷业分为两大类:圆器类,即制造碗、杯、盘、碟等;琢器类,即制造壶、缸、针匙、雕塑、人物等。都帮人数众多,垄断了柴窑业与圆器业,其势力范围主要在制瓷业。都帮的圆器生产,品种多样,以日用瓷为主,如蓝边器、灰可器等。这些瓷器价格便宜,经济适用,深受广大消费者欢迎,销路最广。他们还生产中高档日用瓷,如白釉脱胎等,虽然价格较高,但销路也不错。因此,圆器生产业务鼎盛,获利较多,很多经营圆器业的窑户老板,都不同程度发了财。相传在民国时期,景德镇瓷商界根据财主家产的多少排列,曾有"三尊大佛"、"四大金刚"、"十八罗汉"和"半折观音"等浑号,在其中都昌人又占了半数以上。如都昌三湾余氏中,名列景德镇"三尊大佛"之一的余旺青、"十八罗汉"之一的余旺柏都可谓是其中的代表。总之,都昌人在景德镇人多财广,势力强大,掌握和把持景德镇的陶瓷业务,是景德镇行帮中人数最多、势力最大的一个帮派。

---

[1] 乔溎修,贺熙龄.道光《浮梁县志》卷八[M]//中国地方志集成·江西府县志辑 7.南京:江苏古籍出版社,1996:173.

徽帮:"无徽不成市"

徽帮是由徽州府所属的六个县城的旅景人士结成的,即歙县、休宁、绩溪、祁门、黟县、婺源(现划入江西)。清朝道光年间,他们集资建立了"新安书院"(即徽州会馆),作为宗族春秋祭祀、聚会、议事、办学的场所。徽帮成员绝大多数从事商业,他们几乎把持了景德镇的主要经济领域。

徽州人善于经商,是我国古代著名的十大商帮之一,他们从事商业活动历史悠久、源远流长。明代中叶我国出现资本主义萌芽的时候,徽州人便已经开创了"徽商时代",并以其雄厚的经济实力与晋商匹敌抗衡。景德镇作为全国制瓷的中心,又是江南名镇,且与徽州毗邻,更是徽商集团染指的重要地域。因此该地的瓷行、客栈也多为徽州人开设,如祁门人倪炳经"少承父业,窑栈连云,畎亩鳞接";詹本、詹潜兄弟二人"经营瓷务行,名怡和,盖取兄弟怡怡之意"[1]等,从这些瓷行和客栈中可以领略到徽商在景德镇瓷器贸易领域的影响。

当然,徽帮在景德镇经营范围很广,涉及社会生活和生产各个领域,如钱庄、典当、银楼、绸布、百货、丝棉线、南北货、中西药、纸竹爆、酱园、油盐、粮食、杂货、土仪、茶叶、五洋、印刷、黄烟、卷烟、颜料、饮食、瓷土、杉木、窑柴,等等。徽帮在景德镇的势力巨大,在很多行业拥有为数众多的店铺,少则十多家,一般是四五十家,多达七八十家。据民国二十六年(1937年)《江西统计月报》载,旧时

---

[1] 张海鹏.徽商研究[M].合肥:安徽人民出版社,1995:56.

景德镇的十里长街，鳞次栉比的店铺有1221家。其中，70%以上是徽州人开设的。[1]同时，徽帮的从业人员众多，在一个行业中少则几十人，一般二三百人，多至五六百人。在徽帮中，人数最多的是出身黟县的从业人员，其次是出身婺源、祁门的从业人员，再次是出身休宁、绩溪和歙县的从业人员。

清末民初，景德镇的经济命脉全部操持在徽帮钱庄手里。当时，全镇的钱庄和钱店多达七八十家，分福、禄、寿三等，即按资金多、中、少之分排列。福字钱庄有何广有、大有恒、恒大、吴隆元、怡和昌等。他们开展了全国各地银元汇兑业务，这个业务既便利各地瓷商购瓷，又繁荣了景德镇的瓷业生产，对他们自己来说，更取得了划汇的利息，可谓一举三得。徽帮在商业、金融业的巨大影响，直接关系到景德镇瓷业的生产，以致有"无徽不成市"之说。

杂帮：五方杂聚鼎足立

杂帮是一个宽泛的概念，除了都帮和徽帮之外的行帮都可划入杂帮。杂帮以抚州、南昌、丰城、波阳、吉安等籍人为核心，也包括外省来景德镇从事瓷业的人士。杂帮窑户主要从事陶瓷琢器业，也经营服务性的瓷行，如看色（即选瓷）、茭草、红店（陶瓷加工）、包装、搬运、木箱、篮篓、花篾等，和一些小商业，如棕棉、土仪、雨伞、烟酒等小行业。杂帮由于人数众多、财力雄厚，其总体实力可与都帮、徽帮抗衡。

---

[1] 程振武.景德镇徽帮[M]//景德镇文史资料(第九辑),景德镇:政协景德镇文史资料研究委员会,1993:1.

杂帮经营业务广泛，包括琢器制瓷业、陶瓷原燃业与辅料业、瓷用工具业、瓷器加工业、瓷器经销业和城市服务业等，其中主要业务为琢器制瓷业。琢器的品种也很多，如壶、盅、瓶、罐、雕塑、人物、走兽、艺术瓷等。在杂帮内，以抚州、丰城、新建等籍的琢器窑帮为大帮，其中抚州人最多，为最大帮，占主导地位。民国初年，全镇琢器窑户有700多家，其中抚帮经营的有600多家，大多为抚州籍的，而丰城、新建、安仁等籍窑户总数不到100家。由于圆器窑户和烧窑户都是都昌人（属都帮），所以窑帮中又有杂帮（抚帮）和都帮之分。杂帮所属行业，还包括外地瓷商。明末清初，这些外地瓷商成立了"瓷商八帮公所"，所址设在苏湖会馆。八帮由宁（波）、绍（兴）、关东、鄂城、广东、桐城、苏州、湖州等籍贯的商人组成，其中以宁、绍、关、广四帮实力最强。据民国初年统计，旅景瓷商以各籍及邻籍联合为单位，共计有26个帮，这些外省的商人被称之为客帮。其中湖北一省就有七个县或乡的支帮，由于资产雄厚，所以在整个帮会里享有与省级帮会同等的地位。这26个帮分别是：四川帮、西南帮、关东帮、桐城帮、新安帮、广东帮、天津帮、苏湖帮、宁绍帮、南昌帮、内河帮、古南帮、康山帮、扬州帮、过山帮、金陵帮、丰城帮、湖北帮、同庄帮、同信帮、马口帮、麻黄帮、三邑帮、良子帮等。到新中国成立前，这些客帮共有33帮。这些商帮作为一个整体，成为影响景德镇瓷业生产的一支重要力量，加强了景德镇与外地的联系，也操纵着景德镇瓷器的运销。

4. 衍生的行帮组织

景德镇瓷业中除三大帮派外，还有行业性的其他组织。现在将其中影响较大的罗列如下。

三窑九会

三窑九会在清代就以经营大致相同的陶瓷品种的小业主和工厂主为基础而分别组会，是一种具有封建垄断性的组织。三窑是指：陶成窑（槎窑业）、允成窑（古器业）、裕成窑（灰可器业）；九会是指：同庆社（四大器业）、以庆社（四小器业）、永庆社（二白釉业）、裕庆社（脱胎器业）、福庆社（八九寸业）、吉庆社（七五寸业）、集庆社（三搭头业）、合庆社（饭贝业和酒令业）、聚庆社（博古器业）。"三窑九会"以值年（总老板）一人和副值年一人（副总老板）来总揽事务。三窑九会的绝大多数会员，都是都昌县人。维护帮会的最大利益，是三窑九会一切活动的最高宗旨。（图36）

图36 三窑九会旧址

保槎公所、保柴公所

陶成窑和陶庆窑为保证其烧窑能源的需要，于清朝末年设立保槎公所和保柴公所。保槎公所直属于陶成窑，任务是防火防盗，巡夜值班。保柴公所由窑柴经纪行业所组织，属陶庆窑。其规模组织，与保槎公所大致相近。保柴公所的任务有二：首先是沿河巡查，以防有人私自将松木窑柴卖给民间做燃料；其次是处理柴行之间因招徕客户而引起的纠纷。

五府十八帮

五府十八帮是工人行帮中的一种,即装小器行业的帮会组织。五府,指南昌府、南康府、饶州府、九江府、抚州府。所谓十八帮,是指装小器行业分成的小组。一帮等于一组。每个帮有头首(街师傅)数人,管理帮内一切事务,如写车簿、带徒弟、过帮、定事等。每年四月初一到十八日,这十八个帮的群众,包括街师傅和徒子徒孙(散板),一天一个帮,依次在都昌会馆聚会吃酒,演戏酬神。轮到初一的叫一帮,依次到十八日的叫十八帮。

三十六行

景德镇瓷业分工很细,所以行业很多。从大的方面说有八业三十六行。

第一是烧窑业,有窑厂、满窑、砌窑(撞窑与补窑)三行。这三个行业中以窑厂在三十六行中势力最大。因为"把桩"是一个至关重要的角色,主管看火色,装窑路,掌握着瓷业生产中的主要环节。没有它,就要"断窑烟"。他们有自己的帮会组织,叫"风火仙",定期集会。旧时,他们是工人中的上层,和窑户老板最接近。满窑和砌窑,则是窑建筑的专业。

第二是制瓷业,有脱胎、二白釉、四大器、四小器、冬小器、饭闭、灰渣器、古器、七五寸、满尺、描令等十一行。这十一行中,以四大器最有势力,因为那时这四大器的生产量大。

第三是彩瓷业,有画四大器、画脱器、画灰器、画描饭闭等四行。

第四是匣钵业，有砖山、大器匣、小器匣三行。

第五是包装、搬运业，有茭草、看色、打络子、削杀利篾、打货篮、挑瓷把桩、下驳、挑窑柴、搬运九行。这九行中，以搬运一行最有势力。

第六是下脚修补业，有彩红、洲店（专门补瓷）二行，以洲店势力最大。（图37）

第七是瓷业工具业，有模型、坯刀二行。

第八是瓷业服务业，有轿行、马行二行。其中轿行因为要替衙门无代价地当差抬轿，所以势力很硬。

图37 洲店旧址

5. 会馆：乡谊联结的纽带

清代，景德镇瓷业发展到鼎盛时期。瓷业的高度发展带动了城市的兴盛，行商业瓷的客籍人越来越多，他们以地域为纽带，建立各自的会馆。这些会馆起着扶持乡邻、聚会议事、调解纠纷、兴办教育、联结乡谊等作用。

清嘉庆二十年（1815年）《景德镇陶录》载景德镇图所示，有7个会馆书院，这就是徽州会馆、南昌会馆、苏湖会馆、饶州会馆、都昌会馆、临江会馆、景仰书院。之后，由于商寓客旅增多，依地域乡族关系组成的会馆公所以及各地所办书院也逐渐增加。

都昌人先后同在一处建有两个会馆，老会馆建于明代后期，新会馆建于清乾隆年间。两个会馆均西向并列，仅一墙之隔，规模大小一样，占地面积各1000平方米，在景德镇是首屈一指的。都昌人组织金兰社，兴建会馆、书院，制定约章，形成公共的利益群体。这种利益群体以后发展到三窑九会、四窑九会，集大、中、小窑户千家。

杂帮会馆众多，其中以省的名义兴建的有：福建会馆（天后宫）、湖北会馆、山西会馆、湖南会馆等4所。以府的名义兴建的有：抚州会馆（昭武书院）、南昌会馆（洪都书院）、饶州会馆（芝阳书院）、吉安会馆（鹭洲书院）、建昌会馆、临江会馆（章山书院）等6所。以县的名义兴建的更多。会馆均有一定的产业，如苏湖会馆有房屋75幢（瓷行屋较多），抚州会馆有公房91幢（琢器坯房较多），南昌会馆有房产100多幢（大都在泗王庙一带）。会馆的会产和会务均由当年的会首掌管。会首之下，设有收租、管账，还雇有看门、烧水和下通知的勤杂人员（俗称斋公）。清末以后，知名的会首有：抚州会馆的赖老大（德馨）、谢老二（宝成）、鄢老三（儒珍）、刘老四（庭熙）、

图38　湖北会馆旧址

黄老五（宿垣），南昌会馆的邓肖禹、余仰三，山西会馆的薛秉钦，湖南会馆的莫凤麟等。（图38、图39）

图39　南昌会馆旧址

6. 林林总总的帮会规约

景德镇瓷业生产长期处在行帮的控制之下,瓷业及其相关行业的行帮规约,涉及人们生产、生活各个方面,成为协调人们生活行为、社会行为的法律准则和道德规范。这些行帮规约有的有文字记载,有的则属于口头商定,约定俗成。它们几乎渗透到瓷业生产或经营管理的各行各业中,起着规定生产经营范围、维护同行利益、限制同业竞争、保护传统习惯等作用。现从雇辞行帮规约、收徒行帮规约、开业行帮规约、其他行帮规约等四方面进行简单论述。

雇辞行帮规约

(1)雇佣行帮规约。

圆器业定事　圆器业有农历七月半定事(雇佣或解雇)的习俗。在农历七月半的那天,由老板定好"做头的"(工头),"做头的"要求技艺好、有生产组织能力。其他的"地下人工"(即打杂、做坯、印坯、利坯、剐坯、剁合坯)六脚由"做头的"去雇请。如果圆器作坊较大，"做头的"只需雇请每脚中的"板板"（小领头），其他人手则由"板板"去雇请。老板确定"做头的"后，则由"做头的"请其他各脚工人上茶馆喝茶、吃油条，这叫"定事茶"。通常老板还要付给跑路的"鞋子钱"，一般为一至二担米。这样，作坊的人事安排就定下来了，在该年七月到来年七月间都不得随意调换人手。

琢器业雇工　琢器一般都是小窑户，老板不用多少工人，也没有工头。一般工人都由老板自己去请，请人时老板通过一个介绍人，这个介绍人多半是亲友。请好以后，老板、介绍人和工人一起上茶馆去吃泡茶，当面议定雇佣时间和工钱，时间一般为半年，即农历二月十五日至七月十五日。吃完泡茶老板付完账就算定了事。期满后，老板要留用工人，就会定好下一个雇期。一般七月上旬定下半年工作，冬月定来年上半年工作。有介绍人的工人如果家庭困难，可以预支10元钱，在以后的工资中扣除。

定把桩和装坯"做头的"　窑户老板在腊月要亲自挑选把桩师傅（把桩师傅要求技术好的，可以兼任几座窑），为新年生产做好准备。把桩师傅权力很大，把桩的定了事，则由他去请驮坯、收兜脚、架表、三伏半等窑里各脚工人。老板可以提出自己的意见，留用或推荐某脚工人。装坯工人也在此时由老板定好"做头的"，再由"做头的"去请其他工人，老板可以不用过问。把桩师傅和装坯"做头的"很关键，这两个人定好后，窑户老板就可以放心了。（图40）

图40　定把桩

三　名目繁杂的行帮规约 | 69

脱手酒 窑厂的职业很难谋求,首先要是都昌、鄱阳两籍的人,非此二县人不得进入学艺。实际上鄱阳人也很少,仅仅是靠近都昌南峰的金姓和于姓人。凡进厂的人,先向窑户交一笔钱"买位子",钱的多少,根据各脚岗位而定,其中把桩、驮坯、加表三脚最贵。进厂后,还要请"脱手酒",第一次叫"脱一只手",第二次叫"脱两只手",只有脱了两只手的人,才算是正式工人。酒席的多少,决定于把桩师傅。工人的辞退,也只是把桩师傅一句话,无须任何手续。

"打老鼠" 这是彩瓷业的雇佣行规。画红者进红店工作前,照例要测试一下技术,即让画一至两件瓷器,店主认为满意即可雇用,否则走人。在当地的行语中将没有雇用称为"打老鼠"。一个画红工人若有了此名声确实不妙,只要稍一传播,今后求职就更加困难了,甚至终年无事可做,失业在家。由此可见景德镇制瓷业对"岗前培训"的要求还是很高的。

留人茶 景德镇匣钵行业每年农历五、八、十二月为雇留师傅要在茶馆举行"留人茶"仪式,所有在下一年中继续留用和新请的师傅到茶馆吃泡茶,下季度不再雇佣的师傅就不能来吃这碗留人茶。介绍新人来的介绍人也要吃泡茶,每人一碗茶、四根油条,就算定下来了,议定的雇工期内不得解雇。(图41)

图41 留人茶

(2)辞工行帮规约。

"卖窑户" 农历七月半和十月二十六是进退工人的日子,坯房老板要请喝茶或备酒请"做头的"(工头)决定去留。工人也可自由向老板辞工,去为给付更高工钱的新雇主工作。有的行业工人(如装坯工、"做头的")既可向老板辞工,也可任意将其工作岗位转让给其他工人,窑主不得干涉,这就是行话所说:"窑户不可卖工人,工人可以卖窑户。"

圆器作坊雇用和解雇的对象范围都有定规,老板只能解雇"做头的",但不能直接解雇"板板"和坯坊的其他工人。同样,"做头的"只能解雇"板板",而不能解雇他所雇的人手。也有另一种做法,即老板解雇"做头的",则他所雇用的人随之解雇。同理,"做头的"只能解雇"板板",他所雇用的工人也随之解雇。

"马吃砖" 马和砖本来是互不相及的事物,所谓马吃砖,是窑户老板委婉表达解雇把桩师傅的一种信号。做法是:把满窑、开窑用的三脚木马(又称三脚凳,行话称为"码",谐音为"马"),放在修窑、护窑用的土坯砖上。之所以要用马吃砖的形式来解雇把桩师傅,是因为把桩师傅是用肉眼掌握火温的,有高超的技术,是烧窑工中的工头和技术指导,所以在烧窑工中有相当的威信。窑户老板不敢轻易得罪他们,即使要解雇,也要讲面子,免得伤和气,于是便采取马吃砖的做法。一旦窑户老板想解雇他手下的把桩师傅,就在头天晚上摆出"马吃砖"的架式,窑工一见此动作,便立即告知把桩师傅,或者把桩师傅来到窑房一见,就知道自己将被解雇,便主动提出辞职离开这座窑,待机就业。这也是行话里说的"一条龙进,一条龙出"的做法。(图42)

吃"蒸肉饭" 六脚师傅(驮坯、加表、收兜脚、小伙手、打杂、楠匣工人的总称)中有一脚工人变动(即另请别人)叫"板换人",则由老板出钱请各脚师傅吃"蒸肉

图42 马吃砖

图43 砍草鞋

饭"。"蒸肉饭"即大块的米粉肉,一巡两大块,一般三巡。

"砍草鞋" "砍草鞋"比解雇更严厉,是行帮对行为不检点的工人进行开除、驱逐的一种惩戒措施。过去坯坊里的任何东西,工人都不能乱拿,即使是一块短废料板、一丁点釉果粉(可用于爽身)或"拣麻雀"(清匣时遗漏的瓷件)等,都不得私用。如有违犯,一经查出,违犯者要受到行帮的惩处。行帮对偷拿私人物件的违犯者的处理,更为严厉。领头会同本帮街师傅(即工头),将犯者财物没收或变卖再去茶馆酒馆进行消费,直至花光犯者所有的积蓄。同时,对犯者还要交大伙公议处理。情节严重的,就得"砍草鞋"(开除)、驱逐出境,永远不得在镇上谋生。(图43)

"找帐饭" 红店辞工的一种习俗。红店是以从事釉上彩绘为专业的家庭式作坊。瓷工称之为"红店佬",画瓷称之为"画红"。红店辞工没有固定时间,主要根据"红店佬"的表现及老板的意愿。辞退工人时,老板会用 "现在不需要了,以后再请帮忙"等委婉的说法解雇"红店佬"。在辞退前,"红店佬"有三天时间去其他红店"找帐饭"吃,并有回家路费。红店还有一条特别规定,即三大节(元旦、冬至、万寿圣节)前三天,老板不可以辞退工人,工人也不可以辞职。

红店还有另外一种委婉辞工方式:按照惯例,老板每天都会把要画的瓷器拿给"红店佬"(画红师傅),如果哪天老板没给你拿瓷器,就表明你被解雇了。

"翻亡""转亡" 还有一种特殊的辞工规约,就是工人也可以辞老板,如某坯工津贴较、与本坯户老板合不来、所做品种不遂意、伙食不好等。决定中途辞去时,工人便请老板上茶馆,互相说些客气话,由工人会茶账,这叫"翻亡"。执意要走的人,丢下铜板20枚,叫"折茶钱"。老板要挽留,便请介绍人一同上茶馆,当面把问题说清楚,经介绍人调解,老板答应工人要求,退还工人20枚铜板,并会茶账,工人也就留下来了,这叫"转亡"。实在留不住的则点坯算账。琢器业行规规定,只要坯在架上,不论成功与否,均按成品付账。

收徒行帮规约

(1) 圆器业。

装小器的收徒很严格,过去有二十年一届开禁(开红禁)的习俗,而且非五府(南昌府、饶州府、九江府、南康府和抚州府)所属各县的人不得参加。窑房烧炼工人的行业组织"童庆社"开禁时带的徒弟可以上名册,在窑内就有机会成长为"把桩师傅",没有上名册的徒弟则只能打杂。开禁时要定升徒工的工种岗位,并要举行迎神盛会。(**图44**)

开禁时,开禁师傅要挑红色坯篮上街宣扬,沿街放鞭炮,奏乐吹号,十分热闹,以示开禁,可以收徒授艺了。装坯业开禁收徒则要举行挑黑色坯篮上街的仪式。一般情况下,人少事多要提前开禁,或隔三年、五年、七年举行开禁,都可举行挑黑色坯篮上街的仪式(开黑禁)。开禁时,开禁师傅挑黑色坯篮上街游行不受阻挡,即可收徒。如有人阻拦,

图44 迎神赛会

图45　五府十八帮开禁

则表示同行有人反对,就不能破二十年开禁的规矩。(图45)

根据《景德镇明清以来碑刻选录》记载,装小器业的开禁为十年一次,"古来旧章,十年一界(届)放脚"。装小器业带徒弟,三年期满,"点名造台封禁",然后过十年才能请示开禁带徒。同治六年(1867年)二月就有一次开禁带徒,即是由浮梁知县刘顾宪准示的。而且五府十八帮还勒石记录,强调遵守章程古例,"不得私乱行规"。小器业带徒弟虽然"十年一界(届)放脚",但还是要冒着生命危险。过去小器业带徒弟有"迎红篮"的说法,反对带徒弟的工人可以动武拦路,用刀子截杀。而挑红篮的人则冒着生命危险,但有人保护。"迎红篮"要迎过一条街没被阻住或杀伤就算成功,可以任意带徒弟。否则不能放脚,要再等十年。成功了,挑红篮的人还能领得一笔钱,还可以升为街师傅。[1]

装大器的收徒学艺,每十年一届。装大器和坯房的"地下人工"都可由师傅自带徒工,但必须经人介绍,且需经"做头的"同意。学徒时间不等,打杂工学徒期为一年,脱胎器做坯工学徒为四至五年,其他均为三年,且"出师"后还得帮师傅一年。学徒期间,老板只供给一份"黑饭"(有饭,无菜和福利),菜由师傅供给,学徒劳动所得全归师傅。师傅第一年支付徒工一两套土布衣服的报酬,第二年给些零用钱,第三年稍多一点。随着徒工的进步,支付的工资随之增加,如徒工能做到75%以上的产量时,师傅便付给他50%的工资。帮师一

---

[1]刘朝晖.明清以来景德镇瓷业与社会[M].上海:上海书店出版社,2010:92.

年中,徒弟可得到同等熟练工人工资的75%~80%。徒弟学徒期满(满师),"出师"时还要请"出师酒"。选瓷的学徒由窑户自己带,学徒期三年,无帮师的例规。学徒待遇与坯坊工人待遇相似,但吃饭则和窑户在一起。

(2)琢器业。

雕削工种带徒是工人师傅带,五年一届,由行帮掌握。每位雕削师傅可买带徒票一张,凭票带徒,票据也可转卖给他人。雕削工种带徒也有三年"放脚"一次的做法(即开黑禁)。其他各行均由老板带徒。

草鞋帮学徒期一般为一年,利坯、画坯为五年,做坯六年,年纪小的要学八年,而且都要帮工一年。学徒期间,第一年工资四块银元,以后每年加二块。出师时,要备"出师酒"三席,一席是宴请本行街师傅,另两席则是自己的师傅。同时,学徒前要经亲友介绍,签好契约,内容大致为:"在××师傅名下学徒,议定×年为学徒期间。徒工不听从教训私自打'瓜精'(逃走)和干其他坏事,概与师傅无关。特立契约为据。"

(3)窑业。

柴窑、槎窑收学徒,必须窑上有空位子,然后经人介绍。学徒无正式师傅,各项工作由把桩师傅把关。学徒期无年限,得逐级遇缺上升替补。柴窑的学徒工称一伏半、二伏半、三伏半。槎窑的学徒是小伙手、黑半股、红半股。学徒中除少数是鄱阳籍人,其他全是都昌人。

窑上管事的收徒,由窑户自己带,学徒期为三年,大多数学徒与窑户沾亲带故。学徒期间,学徒跟着管事的办事,吃饭也同管事的在一起。学徒第一年的工资约为管事的一个月工资,第二年略有增加,第三年约为管事的半年工资。

（4）匣业。

匣钵小器厂三年收一次徒弟，时间是春节后开工时，称为"开届"。招徒名额有限制，学徒期三年。行帮规定五厂（五条流水线）以下的老板每届只能带一名徒工；六厂以上可招两名，由老板带徒或雇请师傅传艺。在学徒未能独立操作前，徒工的工资统归师傅。学徒期间，徒工工资第一年是大米一石，以后每年增加一石。学徒期满，要备"出师酒"。学徒如学艺进展不快要"补匣"（无偿地做200担～300担匣钵），即出师后再白给师傅做一批匣钵，具体数量双方商量，否则师傅拒吃"出师酒"，徒弟就出不了师。

大器厂可年年收徒，人数不限。学徒要交入帮费，都帮三元，饶、抚帮二元，学徒三年，第四年可拿师傅工资的一半，第五年拿师傅工资的70%～80%，第六年才算出师。学徒期间比小器厂徒工补贴要高一倍。

徒工出师，只能受雇于师家，非老板同意不得"出家"（受雇于他家）。虽工资与其他师傅一样，但仍干徒工时的杂活，只有"出家"后再回师家，才可与其他师傅一样同工同酬。

开业行帮规约

（1）"写车簿"。

窑（坯）户开业，要向他们各自的行帮（20世纪20年代后是××同业公会）交入会金，领取"官贴"（即今之营业执照）。窑户还要到"佑陶灵祠"，即这些行帮工人总组织驻地——"五府十八帮"的"街师傅"办事地点去交"写车簿"费（一般本帮交费五块银元，外帮交费十块银元），并领取一本盖有"五府十八帮"木质长印章的旧式红格账簿,即所谓"车簿"。"车簿"上要记载老板所使用的招牌名称、经营项目(如二白釉、粉定器等)、生产能力(几个利坯工、几乘陶车)、用何帮装坯工(一般由该帮组织介绍)、用何帮师傅,特别是请用工人的帮

图46 写车簿

属,把这些手续办好,记载清楚,方准开业,不能擅自"过帮"雇佣工人。坯坊(房)招牌,可以世代承袭,传给子孙。如果要改换招牌,必须再办"写车簿"手续。否则就要永远按照"车簿"规定的帮属去雇请装坯工和领头。(图46)

(2)"吃新江"。

匣钵厂开业有行业规定,开办者现在为行内人,至少在匣钵厂学过三年徒。外行人开匣钵厂则比较严格,必须请景德镇全部曾经当过匣钵师傅的人去饭馆吃一次酒,称为"吃新江",然后才被许可开业。子承父业不在此列,但不许改换招牌名称。

(3)瓷行开业。

瓷行开业,首先要向政府交"捐贴"(即买营业执照)。民国年间捐贴分上、中、下三种,瓷行属于中贴,要交纳捐贴费200余银元,且必须由江西省财政厅核发,方可挂牌营业。捐贴有效期为7年。

(4)窑柴行开业。

民国年间,凡经营窑柴行业,必须向"窑柴行业同业公会"申请"官贴",并要按照全年利润5%的额度上交会费。无"官贴"经营者或在经营过程中违反行规者,将受到同业公会罚款或取消"官贴"的惩处。过去,窑柴行业具有黑帮性质。他们操作市场,利润极高。如民谣所说:

"窑柴行、窑柴行，两手空空可开张，只要运气好，一天可赚万担粮。"

（5）茭草行开业。

茭草行是对瓷器进行包装的行业，细分为茭草行、扎篾行、结草行三个行当。一般规定，开办茭草行须是从事该行业三至四年的的茭草工，且必须要有固定的瓷客业务关系。在民国时期，对于新开业者，还需履行一定的手续，必须经过各客户和该行会（即镇上人所称的"九仙八大位"）的同意，并缴纳一担米的入会费，方可开业。对于上代传下来的字号，可以由老板子侄继承，但不可改变其牌号。

其他行帮规约

（1）宾主制。

烧窑、做坯、红店、瓷行以及五行头（看色、把桩、包装、打桶、打络等）行业之间，进行了一次交易后，即不得随便变动，双方要保持长期交易，有的甚至成为世袭。倘有一方违反（主要是客方），行会便出面干涉，这是所谓宾主制度。比如匣户与窑户是宾主关系。窑户新起发时（新开业），由接近的老窑户介绍双方买卖匣钵，此后就是宾主，原立的招牌没有改变，在子孙手里都要保留这个关系。如匣钵质量不好时，也要向宾主匣户购买，不能自由选购。有的窑户对匣户"选痞"（苛刻），在生意不好时，不够开销，任意搭配土产时货，如豆葱、干鱼、黄烟抵交匣款。模利店与窑户也是宾主关系。窑户新起的产品规格，寻找一家好的模型店（俗称模利店），窑户定的规格，则模利店永远保存不变，窑户为了规格统一就不会更换模利店。有关工资分三季付款，年终付清。每逢模利酒，年终"发脚棍"酒，都要请模利店老板吃酒。除此之外，如满窑店与窑户，瓷行与窑户，坯户

与窑户，坯户与刀子店等都是世袭的宾主关系。特别是坯户和刀子店的关系更有意思，坯户不能更换刀子店，但刀子店却可以将坯户作为自己长期的主顾转卖给别的同行。这种世袭的宾主制度从某种程度上保护了那些为陶瓷业服务的一些小业主的利益，但也有明显的弊端。这弊端就是使行业之间的竞争机制变得松弛，有碍于服务质量的提高，从而影响了景德镇陶瓷业的迅速发展。（图47）

（2）"放排""吃蒸菜"。

圆器作坊产品质量如果出现毛病，选瓷工人有权对坯坊工人提出，多次提出之后未加改进，选瓷工人要如实向窑户、"做头的"反映。此时，窑户可请"做头的"到家中来分析研究，"做头的"回坯坊向大伙提出，行业中称这个为"放排"。如多次提出仍未改正毛病，窑户将有毛病的产品，派人送到坯坊，请坯坊工人自己提出改进措施，行业中叫这是"吃蒸菜"。窑户不可随便向工人指出产品质量上的毛病，否则坯

图47　宾主制

三　名目繁杂的行帮规约 | 79

图48 买位置

坊工人可停工不干,一直要窑户打爆竹赔礼,方肯复工。

(3)买位置。

传统行规规定,烧窑工人要向窑户交钱买位置,才能有工做。工人没办法,生活来源只得靠收搭坯户的"高帽钱""使用钱""酒钱""吹灰肉"等加以弥补。做坯户因此加重了负担,只好提高价格,转嫁给瓷商,其结果最终落在消费者身上。(图48)

(4)"买扁担"。

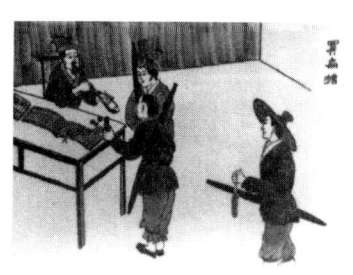

图49 买扁担

搬运一行过去为封建把头所操纵,遭受其盘剥克扣。如工人做挑运工作,必须拿两块银元向把头买挑运权,叫做"买扁担"。更恶劣的是,把头一般还要"搭扁担",即从运费中抽取三分之一。在每年开始挑货的第一天,为了谋生,工

人还要贿赂把头,拿红纸包送钱,叫发市包。(图49)

(5)不准"打闲"。

窑户为了控制坯坊生产,规定工人不能为窑户做私事,行话叫"打闲"。如窑户是该人的师傅,在学徒期内可以做,出师后则绝不可做。否则,此工人将受到行帮处理。

(6)"装坯过节"。

装坯工人虽然工种技术性不强,但工作很重要,不可得罪。每逢大节日,窑户要事先招呼装坯工人来过节。届时还要相请,否则装坯工人可借口窑户怠慢他,在生产上出些差错。一旦有误会,窑户还得备酒请他们的师傅和装坯头来说情,才可消除隔阂。

(7)"画符""跑架"。

在经营管理中,坯坊工人有时可以作弊,即在坯多且装坯与选瓷没有核实数目的情况下,可以采取所谓"画符""跑架"等隐瞒产量的做法。"画符",是把成坯架上,经选瓷验收并在坯板前后标有记号的坯全部换掉,以代替坯坊当天的工作量;"跑架"是将整架有标志的坯全部换掉,以代替当天的工作量。"画符""跑架"如被查出,行帮街师傅要重罚作弊人,以示惩戒。

(8)"烧撞火窑"。

农历小年(十二月二十四日)一过,有些坯胎未烧完,生意又好,烧窑户就把各坯户组织剩余的坯集中在一起烧,叫撞火窑。撞火窑按照消耗成本一窑一清,不另算账。烧窑户则要对烧窑工人增加包子钱(补贴)。(图50)

(9)过帮。

如做脱胎的或做四大器的工人到灰可器行业中来,叫过帮,过帮要交过帮钱,否则就不行。如生意好,找不到本行业的工人,坯房空

图50 烧撞火窑

了位子（停产）非要不可，资方必须事先同街师傅商量，才能得到轻易解决，否则"做头的"要受违章处分，过帮的工人也不能上位，过帮钱，由资方答应交付才能解决。

（10）花粉钱。

窑户老板娘向工人们敲诈的一种手段，美其名曰"花粉钱"。一般在每年年终结账时，窑户老板娘站在账房先生旁边，向领工钱的工人敲诈，标准不一，根据每个工人结账钱的多少而定。

（11）"打秋风""打把势"。

红店工人除受当地流氓、地痞的欺负之外，还要常常受到街师傅的无故寻衅和敲诈勒索。大店出来的徒弟的师兄弟多，有帮手，街师傅们不敢轻易下手，而那些小店出来的徒弟便处处受欺凌。当时，几乎每天厂前或瓷器街茶馆里的画红工人一坐下来就是十多桌，街师傅们揪住一些莫须有的问题，信口雌黄，胡说八道，总之非达到敲诈的目的不可。最后的解决办法总是被敲诈的人赔礼道歉，或请街师傅到小餐馆吃一餐蒸肉饭。如果付不出钱，就由老板预支工资，到时扣下。据当时的老人回忆，有几个街师傅，外号叫金生拐子、万腊里、生姜豆豉、苦瓜皮的，长年不做事，专靠"打秋风"（敲诈工人）过日子。行业中稍有一些小的问题，他们便大做文章，从中诈财。到下半年，他们又生新花样"打把势"，就是向本行业中的工人分送请帖。请帖的内容不是自己花烛，就是父母做寿。接到请帖的人必须送贸礼，多则30枚铜板，少则一两枚铜板不等。如接到请帖的人没有送礼，不久就会有人找上门来寻岔子。这些人首先向没送礼的人讨还请帖，之后要到茶馆里去评理，一坐就是十余桌。结果还是没送礼的人理亏，除打爆竹赔礼外，还要出一些钱才能了事。

四 记忆边缘的行话谚语

景德镇交通便利,瓷商云集,瓷业发达,分工细致。瓷文化不断渗入人们的生产生活中,在瓷业分工协作的基础上形成了丰富的行话俗语、民间谚语,其中涉及制瓷原料、制瓷工具、瓷业分工、技术规范、计量单位等,可谓是琳琅满目,俯拾皆是,在语言民俗领域构铸了瓷都的一道独特风景。

1. 旮旯里的行话

景德镇瓷业发达,行业分工细致,在瓷业生产、生活中,人们逐渐形成了一些圈子里的专业俗语——行话。清代蓝浦《景德镇陶录》记载:"景德镇陶业,俗呼货料,操土音登写器物花式,字多俗者,其不见于字书……其见于字书而俗借用者……虽土著,犹参问乃得也。"[1]清人郑廷桂在一首《陶阳竹枝词》中写道:"土物音操土俗余,官窑原起大观初;漫言须辨瓷磁字,不(dǔn)釉何从考字书。"[2]这些俗语流行于瓷业的口头交流中,很多没有合适的字词就借用相近的字词表达。随着景德镇社会经济的快速发展,传统文化生态的变迁,这种承载丰富文化信息的语言符号也逐渐远离人们的视野,尘封进人们记忆的角落里。这类行话十分丰富,摘录部分如下:

"三尊大佛"、"四大金刚"与"十八罗汉":这是民国时期景

---

[1] 蓝浦,郑廷桂.景德镇陶录校注[M].欧阳琛,校注.南昌:江西人民出版社,1996:49.
[2] 熊寥,熊微.中国陶瓷古籍集成[M].上海:上海文化出版社,2006:260.

德镇瓷商根据财富多少排列形成的俗号。据说，1926年，北洋军阀刘宝题兵败路过景德镇时，强行向景德镇商会征收100万银元充当军饷。商会紧急商讨对策无果之后，无奈只得在全镇富户中按财产多少的比例，分摊这笔巨款。前三位称为"三尊大佛"，后面依次称为"四大金刚"、"十八罗汉"。其中，余英泾名列第一，故有"三尊大佛"之首的称谓，另外，同是都帮人的冯承就和王家琨则是"四大金刚"、"十八罗汉"之首。

不(dǔn)子：又叫"白不"，是瓷石经粉碎、淘洗后制成的砖状泥块，用于制坯。

瓷石：制瓷用的一种石质原料。瓷石主要由云英、长石、绢云母和高岭石组成，并含少量蒙脱石、多水高岭石等。瓷石具有可塑性低、干燥强度大、收缩率高、焙烧后色白等特性。景德镇使用的瓷石分布范围很广，在江西省内有瑶里、三宝蓬、寿溪坞、南港、乐平礼林里、余干，安徽省有祁门，湖南省有马顿坳、麻坡，福建省有德化，山东省有大昆仑等。

高梁：即高岭土。"梁"即浮东方言中的"岭"。

白土：即制瓷泥土，含白不、高岭土和釉果。

麻仓土：即高岭土。麻仓：在浮梁瑶里麻仓村。

土果：是灰渣器、古器主要原料之一，实为釉果、不子和高岭土经淘洗后的尾砂。

釉果：一种较低溶融温度、很强透明度的瓷石，用于制釉。

槎柴：即树枝和茅柴之类，为槎窑燃料。因其多以船运至景德镇码头上，故又称为"船柴"。

窑柴：将松树锯成尺许木段，并劈开成片状，为柴窑燃料。

扶塘师傅：采矿中的重要技术人员，负责探矿、开矿和对矿物的鉴定。

"试照子"：对瓷土进行测试，看其在窑火中的收缩率及耐温程度，是否符合制瓷的要求。"照子"即一小块配制好的泥料。

打地龙：在地下水平巷道中采石，俗称"打地龙"。采石方法有两种，或"石质原料则先用薪柴附石着火烧出裂痕，然后用铁凿凿下……"，或用打眼放炮法。

打眠垄：是在山坡上开凿隧道采矿。

"三踩两响"：指琢器练泥，即用赤脚踩泥三次，用铁铲拍泥料两次，以排除泥中空气，使之融合并"熟透"。正所谓的"菊花芯，莲花瓣，三道脚板两道铲"。

"扯喇叭"：指圆器拉坯工艺。拉坯工将碗坯拉成喇叭状，故名。

"栽坯"：即将毛坯倾斜地栽在料板上。

"拍死人头"：指印坯工拍打模利（即"死人头"）的工序，也是圆器内部的定型工序。

"土狗子"：剐坯工的绰号。剐坯工是把坯底挖成圆洞状，如钻土的"土狗子"（一种昆虫），故名。

"螃蟹"：即拉坯工的绰号。拉坯工因长年盘膝在坯车干活，致使两腿膝关节变形，走起路来如螃蟹一样一摇一摆，故名。

"轿夫"：大器装坯工的绰号。大器装坯工常常两肩各扛着一块装有成坯的料板送入窑里，如抬轿一般，故名。

吹釉：即在竹筒上蒙上细纱布，蘸釉而吹，以气息作用使釉浆雾化，附着于坯体表面。后改革成用铁皮做的圆筒来吹釉。（图51）

"县官坐堂"：印坯工因套坯时用木巴掌把坯底打得"啪啪"响，自诩为"县官坐堂"。

满窑：把装有成坯的匣钵按其不同的窑火要求，排列在不同的窑位上。

图 51　琢器吹釉

溜火：初烧时慢火，使窑内火力平衡。

紧火：加大火力，转入高温。

闭火：瓷器已烧熟，停止投柴。

看火眼：在窑岭中间部位，是用来看窑火温度的。

腰眼：在窑岭腰部左右有一个眼，即腰眼，是用来看窑火的正斜。

踩色：用干笔把颜色勾开，使颜色有阴阳光。

水碓：是一种以自然水流为动力，通过机械运动将瓷石粉碎的原始设备。水碓有三种，大的叫"缭车"，中等的叫"下脚龙"，小的叫"鼓儿"。它密布于昌江及其支流南河、东河流域，每当春夏水发之时，水轮翻腾,碓声殷地,景色蔚为壮观,宛如一幅反映景德镇古代制泥技术的民俗风情画卷。

坯瓢:瓷质,无釉,形如弯月,做坯工具。

木巴掌:"凸"字形,印坯工打足底的工具,也用于打软渣饼。

蘸釉钩:铁质,蘸釉时钩住碗坯的工具。

荡釉盏:荡釉时的盛釉工具。

模利:圆器定型工具,即"死人头"。

匣钵:成坯的装烧容器。

高三脚马:满窑和开窑时用于安放及取下最高处匣钵。

低三脚马:用于安放和取下较低的匣钵。

铁针笔:用伞骨磨尖而成,用于扒出花朵纹筋、鸟的羽纹及人的须发。

竹针笔:与铁针笔用途相同。

红炉:以木炭为燃料低温焙烧釉上彩瓷的圆形炉子。

猪毛孔:釉面出现的无釉小孔。

水坯:坯体或釉面有裂纹。

犯惊:又叫"炸釉",指釉面崩裂或龟纹。

惊釉:釉面呈头发丝般的裂纹。

灰可器:呈深锅状,内外均绘有青花,灰釉含量高,容易烧热,产量甚大,属农村和下层百姓的日用粗瓷。

(图52)

粉定:胎质细白,釉面如粉玉,

图52 琢器雕坯

原出于北方定窑,故名。主要分为花钵、饭鼓、品锅、坛、茶壶、帽筒、花瓶、文具等。

淡描: 用青花料轻描淡写的粗瓷,如大小香炉、烛台、孔明灯、乳钵、中药罐、夜壶等。

"垫"(音 jiàn):指瓷器大小的量词。瓷器越高(或体积越大),垫数就越大。"垫"与"件"同音,但含义不同。"垫"用于表示大小,而"件"则用于表示多少。当代人在这两个字的使用上常常混淆。

"利坯":除指成型工种外,还指圆器细瓷和中档瓷坯房的规模,即人员组合的计量单位,如"两只利坯",其人员组合为利坯工 2 人,打杂、做坯、印坯、刹合坯和剐坯五脚工人各为 1 人;"三只利坯"则利坯工 3 人,其他五脚各为 1 人。

"草鞋":琢器坯房的人员组合单位,如"一双草鞋"有装坯 1 人、做坯 1 人、利坯 2 人、雕削 2 人、徒工 1 人、老板兼管事、老板娘兼伙夫,其中只有装坯工一人穿草鞋。这是小资本作坊。"四双草鞋"有装坯 1 人,二码头 1 人,三码头 1 人,打杂 1 人,做坯 1 人,利坯 6 人,雕削 5~6 人,画坯若干人,伙夫 1 人,管事 1 人,徒工 5~6 人,其中装坯、二码头、三码头、打杂四人穿草鞋。这就是以"草鞋"为单位的来历。

2. 渐逝的瓷业谚语

民间谚语，是广大民众在长期的生产、生活实践中的经验总结，它采用简洁、精练的语言概括经济、社会、文化等各种现象，是广大劳动人民智慧的结晶。民间谚语的高度概括性、精辟性，被学者概括为"语言中的盐"。在景德镇瓷业生产中，也产生了不少瓷业谚语，现摘录部分如下。

过手七十二，方克成器。
端起饭碗望窑烟，一颗豆豉两口咽。
吃了重阳酒，夜工不离手。
有钱冇钱，回家过年。
家有万担米，莫烧窑柴皮；家有万担糠，不捡窑柴桩。
湾山不种田，一场大水吃三年。
七死八活九翻身（指瓷器生产情况）。
学木匠，先凿空；学制瓷，先帮工。
若要好，问三老。

金刚钻小，能传瓷器。

没有金刚钻，别揽瓷器活。

扁担是条龙，一生吃不穷。

袋里钱，吃得完；手里艺，吃不完。

草鞋四根筋，路路都是亲。

草鞋码头，能通四方。

草鞋没样，边打边像。

瓷壶打了落个嘴。

日晒黄金夜不收（指窑柴放在外面）。

家有千金，不如薄艺在身。

不下苦工夫，难得真本领。

受不得热烤，烧不得瓷窑。

静画竹，雅画兰，热热闹闹画牡丹。

真金不怕火炼，真艺不怕人瞧。

天下无难事，只怕有心人。

做到老，学到老，一生一世学不了。

不懂装懂，永远饭桶。

学艺终身福，有艺不亏人。

手工手工，动手有功。

手熟为能，熟能生巧。

若要精，日夜练。

要想瓷器好，必须手艺巧。

一道生，二道熟，三道四道成师傅。

师傅传帮带，徒弟学得快。

师傅领进门，修行在各人。

手艺再巧,不可轻师慢匠。

若要赶,做渣胎碗。

水往低处流,火往空处钻。

坯房无壁,歇手无吃。

一日不工,一日不食。

吃了中秋酒,夜班不离手。

两头吃星。

十里长街半窑户,迎来随路唤都昌。

圆器老板当老板,琢器老板做老板。

窑弄不天光。

本事好的累死,本事不好的气死。宁可累死,也不气死。

上午没有钱买盐,下午却有钱买田。

一里窑,十里焦。

死了死了,万事皆了。

人死无大病,叫花子永远不穷。

要做窑,先投行。

千斤有头,万斤有主。

匣钵厂里学艺好,有酒有肉吃得饱。

高岭土,瑶里釉。

"戴黄"两弄有龙王。

渣头碗镶金边,茅屎缸里装绣楼。

破窑出好瓷。

鄱阳湖上水飘飘,好夫好妻命里招。

南有景德,北有彭城。

走窑种田,半年辛苦,半年清闲。

六月走窑仙,十二月叫皇天。

田土掘到死,不值窑生理。

车子隆隆旋,上月吃下月。

车子隆隆转,赚六升吃三管。

一只碗不响,两只碗叮当。

三年可出一个状元,十年难出一个把桩。

五 融入生活的神灵信仰

景德镇作为一个以陶瓷闻名的手工业城市，陶瓷文化自然成为人们生产生活的主旋律，瓷业信仰习俗作为深层次的精神需求，也深深影响着人们的日常生活。随着经济社会的快速发展，各种神灵及民间祭祀活动的神性色彩逐步淡化，人性化愈来愈明显，娱人娱神、人神共乐成为景德镇民间信仰的新特征。

1. 人性化的自然神

自然崇拜源自远古社会。由于生产力低下，人们无法解释庞大而复杂的自然现象，如风、雨、雷、电等，从而产生对自然的敬畏之情，赋予自然物象以拟人化形态，把它们当作有生命力的神灵顶礼膜拜。他们希望通过祈祷和祭祀等信仰活动，使自然神能为其消灾降福、驱邪纳吉。在漫长的历史演变中，逐渐形成了一种以天体、自然力和自然物为主体的民间俗信体系。

高岭土神的传说

景德镇北部山区鹅湖镇高岭村边的高岭山，因其所产的高岭土（瓷土）质地优良，闻名中外，成就了景德镇在海内外的显赫地位和巨大影响。关于高岭土的由来，民间有各种版本的美丽传说。

相传很久以前，高岭村住着一户姓高的穷汉，夫妻二人租种着地主的几分薄田。他们一年到头风里来雨里去，辛辛苦苦收获一点粮食，也几乎全都被地主的地租高利贷刮走，只得靠瓜、薯、菜充饥度日，日子过得十分艰苦。

高氏夫妻虽穷,但心地却很善良,只要听说谁家的锅揭不开,夫妻俩宁愿自己挨饿,也要省下口中的那点瓜薯给人家送去。因此,邻近的穷苦乡亲,都很尊敬他们。

一年冬天,北风呼号,雪花纷飞。清早,高家老汉刚把屋门打开,只见屋檐下躺着个衣衫褴褛、几乎被冻僵的白发老头。他忙唤来老伴,将老人抬到自家的床上,把家里仅有的一床破棉絮盖在老人身上,还将自己身上穿的一件破棉袄脱下来盖住老人。与此同时,高大娘也烧好了姜汤,夫妻二人细心地将姜汤一匙一匙地喂进老人的嘴里。过了一会,老人终于苏醒过来。

可是老人还不能说话,用手指指口中,意思是说要吃东西。高氏夫妻很为难,家中粒米无存,只有野菜汤,怎能给刚刚苏醒的老人吃呢?经过商量,只好又到财主家去借那借一升要还两升的米。借到米之后,高大娘熬好了热腾腾的稀粥端到老人面前请他喝。喝了粥,白发老人的精神好多了,他下床站了起来,激动地对高氏夫妻说:"你夫妻俩确是名不虚传的好人啊!"他从衣袋里取出一粒洁白晶莹的小石块,递给高老汉,说道:"我这里有一粒小石块,现送给你们,可将它种在村后的高岭山上。过七七四十九天,再去挖开山土,那里面有着挖不尽的白玉土。这种土是制瓷的上等料,你们可以将它运到景德镇去卖。"说完,一声哈哈大笑就不见人影了。

高氏夫妻被眼前所发生的事儿弄得目瞪口呆,都以为遇到神仙了。夫妻俩怀着半信半疑的心理来到高岭山,挖个深坑将小石块种下去。过了四十九天,他们又来到高岭山,挥起锄头一挖,出现了奇迹,只见那原本是黄色的泥土,变成了白嫩的玉土。夫妻俩非常高兴,便急匆匆地跑村串户,通知穷乡亲一同上山去挖玉土。大家将土挖出,运到景德镇，果然卖得好价钱。从此，这一带的穷乡亲便都改行挖、卖玉土了，日子也比从前好过起来。

景德镇自从采用高岭土制成瓷器以后，生产的瓷器更为精美。1712年，有个法国的传教士昂特雷柯莱曾向国外介绍过高岭的瓷土，于是高岭土便在全世界闻名了。

高岭土神传说的阐释

高岭土神的传说，属于一种地方风物传说，它和所有传说一样，具有虚构性、建构性，其情节、人物及其内容都会随着时代的变化而不断丰富，但它和一般传说又有所不同，它的衍变必然依据一定的实物。高岭土神的传说，源自高岭土这种地方风物，在史籍中就有不少关于其来源、用途、特征等的记载。

《天工开物》载："土出婺源、祁门二山。一名高梁山，出粳米土。其性坚硬。一名开化山，出糯米土，其性粢软。两土和合，瓷器方成。"[1]

清代张九钺《南窑笔记》载，高岭（土）"出浮梁县东乡之高岭山，挖取深坑之土，质如蚌粉，其色素白，有银星入水带青色者佳。淘澄做方块晒干，即名高岭，其性硬。以轻松不压手者为上。近有新坑，色白坚重如不子状"。[2]

当然，高岭土始发现于景德镇浮梁之高岭山，但不独于此地。

高岭土神为何人？民间有一种说法，据说是南宋末年高岭村民何召一。他在山里找到了高岭土，并通过实践使景德镇制瓷的一元配方

---

[1]潘吉星.天工开物译注[M].上海：上海古籍出版社，2008：199.
[2]熊寥，熊微.中国陶瓷古籍集成[M].上海：上海文化出版社，2006：659—660.

（黏土）提升为二元配方（瓷石与瓷土混合的高岭土），令烧瓷在温度、坚硬度、透明度等方面都得以优化。瓷工为了感谢他发现高岭土及对制瓷工艺的巨大贡献，便尊其为高岭土神，并为其树立塑像。景德镇高岭土神传说，比较独特，它既是自然神，是地方风物的美丽注解，又是行业神，体现出中国行业神的一些重要特征，即庞杂性、虚构性、附会性与随意性。在第一个版本中，出现过多种异文，如那对穷苦夫妻的姓氏，有姓高、何、盛等说法，为了强调他们的困苦状况，有的版本还把这对夫妻描述成年老的夫妻；在仙人和穷苦夫妻的对话中，有的很简略，有的进行了发挥；在挖瓷土情节中，有的是等了三七二十一天，有的是七七四十九天，有的是九九八十一天，有的是仙人走后即去挖，挖的细节也有很大区别。第二个版本传说描述比较简略，变异性更强。这说明高岭土神这种源自地方风物的传说，有着很大的随意性、建构性和附会性等，可以根据故事情节的需要任意添枝加叶。作为一种传说，无法根据历史资料来论证其真实性，但不等于说它完全是虚构的。它源自现实地方风物，而且它的故事情节具有生活性，因而它不是历史真实，但却是一种生活真实。在第二个版本传说中，值得注意的是，高岭土神的前身是土地神。土地神是民间信仰中的杂神、小神，与人们生活联系较多，具有强烈的民间气息。从传说到行业神的形成可以看出，传说不仅广泛传于后世和民间，而且对民间信仰也产生了深刻的影响。

小知识◎高岭土神

　　相传很久以前，在高岭村有一座小庙，这座庙内供奉的是土地神。当时，高岭村瓷土资源贫乏，瓷工们生活困窘。有一天，饥寒交迫的瓷工们在庙里祈祷而昏昏欲睡。突然，一位鹤发童颜、面目慈祥的老人飘然而至。老人仙风道骨，气宇轩昂，手托金钵，指点好瓷土的位置所在。瓷工们猛地惊醒，提着工具，按仙人指点的位置试着挖，果然挖出了上好的瓷土。

　　于是，这座小庙的土地神就被瓷工们供为瓷土神，从此香火不断。

2. 多元化的行业神

随着社会生产力的发展,自然神的色彩不断黯淡,而逐渐被与人们生产、生活息息相关的行业神所取代。行业神是行业群体精神的支柱,极大地影响着人们的生活行为。景德镇瓷业行业神大部分来自那些为瓷业发展做出重大贡献的技术行家或为广大瓷工献身的民间英雄,因为其人性的升华,逐步被人们供上神坛。当然,行业神中也有不少传说中的神灵,如华光神、妈祖等,有时甚至关公也被拉入瓷业神灵之列,由此可见民间信仰的庞杂性、广泛性、多元性。

"风火仙师"

"风火仙师"是一个源自历史的民间行业神。"风火仙师"是窑里佬,名叫童宾,又名广利,景德镇里村童街人,生前是技术高超的烧窑瓷工。他家世代以制瓷为业。童宾自幼聪明好学,秉性刚直,因父母早丧,遂投师学艺,执役窑业。

明神宗万历二十七年(1599年),太监潘相任江西矿使兼理景德镇窑务，监督制造殉葬用的青花大龙缸。这种大龙缸要求口径为三尺、壁厚为三寸、高度为二尺八，外围要有龙缠绕，釉面不准有一点瑕疵，且瓷器表明需"万里无云"。这种严苛的要求，在当时条件下是无法做到的。当时的窑很小，温度不易升高，烧窑的火候极难掌握，每次烧出来的瓷器不是扁的就是开裂的，不是烧老了就是没烧熟，窑工们经过多次烧制，都无法成功。潘相恼羞成怒，对窑工更加残忍，动辄鞭笞、关押甚至杀害，工人的处境十分凄苦，工期也日渐逼近。

童宾见瓷工个个伤痕累累，心里很难过。他费尽心力，又精心制作了一个龙缸。在烧窑时，瓷工全都围在窑前，祈祷神灵保佑，烧出合格的龙缸。然而就在龙缸马上要烧成的时候，窑中忽然发出巨响，烈焰像火龙一般直扑龙缸，龙缸危在旦夕。童宾为了不再让大伙遭受关押、毒打，竟纵身跃入窑中，用身体护住了龙缸……

龙缸奇迹般地烧成了。缸的表面晶莹洁白，无半点瑕疵；缸上的青龙活灵活现，一双眼睛竟是血红的。瓷工们看着龙缸，都掉泪了。大伙都说这只龙缸是童宾的身躯所化，那龙眼则是他的鲜血凝成的。

谁知潘相看过龙缸后仍不满意，又提出了更加苛刻的要求。瓷工们再也无法忍受了，他们捣毁了御窑厂，然后一起去县衙找潘相算账。潘相吓得只身逃回了京城。

后来，朝廷为了安抚人心，缓和矛盾，敕封童宾为"广利窑神"，并派人在御窑厂东侧为童宾立祠，祠名为"佑陶灵祠"。瓷工对童宾这位英雄十分敬仰，他们在祠中供起童宾的塑像，尊称他为"风火仙师"。从那以后，"风火仙师"就成了陶瓷业的庇佑神。

师主赵慨

赵慨（生卒年不详），字叔朋，籍贯不详。晋代陶工。早年在福建、浙江、江西为官，因不趋炎附势，疾恶如仇，得罪上司和僚属，遭奸臣所害，降职贬官，来到新平镇（今景德镇）隐居。

赵慨为官多年，对陶瓷业生产非常重视，他熟悉制瓷技术，积累了丰富的经验。到景德镇之后，他把所拥有的瓷业生产知识和技艺经验都传授给当地的瓷业工人，并且悉心指导，还对景德镇陶瓷的胎釉配制、制坯和焙烧等工艺进行了一系列重大改革，使制瓷技艺大大提高，产品质量也提高了，整个瓷业生产得到快速发展。据《浮梁县志》载，"道通神秘，法济生灵……镇民多陶，悉资神佑"。因此，景德镇瓷业在他的悉心管理下，制瓷技艺发展迅速。

赵慨去世后，瓷业工人不忘他的功劳，建立庙宇，奉之为神，尊为"制瓷师主"。人们认为，景德镇地区的瓷业生产兴旺，都是"师主"保佑的结果，所以把赵慨封为"佑陶神"。庙中赵慨神像居中，两旁是打杂师、做坯师、印坯师、剃坯师、挖坯师、剁合坯师神位，基本上把制瓷的各主要工种都包括了进去。

蒋知四

蒋知四是清代瓷工，为了要求改善工人伙食，他领导了一次罢工斗争。后来，蒋知四被官府捉入衙门。官府对他威逼利诱，勒令其复工。蒋知四大义凛然，不屈不挠，后惨遭杀害。蒋知四之死，激起了瓷工的愤怒，他们群起抗争，最后赢得了胜利，也就是每个瓷工每月增加十二两猪肉。蒋知四为争取工人的福利而牺牲了生命,瓷工们为了纪念他,便把争来的福利定名为"知四肉",把蒋知四的牌位供进了师主庙,使这位为大众利益而牺牲自己生命的英雄永远受到人们的景仰,于是景德镇制瓷业又增加了一个行业神。

郑子木

"茭草工人郑子木,为伸正义抱不平。领导罢工遭迫害,世代相传白围裙。"这是20世纪五十年代景德镇艺人说书里的一段,讲的是流传于景德镇的一个真实的故事,事情发生在嘉庆年间(1796~1820)。

茭草行是专门用稻草来包装瓷器的行业。从前包装瓷器全靠用稻草扎紧,劳动强度非常大,所以茭草行有个例规,茭草工人吃的是白米饭,每逢阴历初一和十五,每人有一斤猪肉。可是嘉庆年间这条例规却被老板破坏了,不仅猪肉被取消,白米也改成了糙米,有时还在里面掺入沙子。清朝嘉庆二十五年(1820年),茭草工人为抗议窑场老板的剥削压榨,举行了一场"打派头"(罢工运动),郑子木是罢工运动的主要领导者。

郑子木,原籍祁门,年三十余岁,自幼学艺包瓷,是个技术娴熟的师傅。他平时虽沉默寡言,但生性耿直好义,见老板对工人如此狠心,便邀集了十几个中老年师傅,议定条件,发动全镇茭草工人罢工,得到了各行业工人的支持。可是老板们早已状告官府,地方统治者注意了郑子木等人的行动,无理地把郑子木抓进了衙门。郑子木受尽毒刑拷打,仍然对公堂外的工人们大叫"打派头一定要打到底",最后罢工胜利了,郑子木却被杀害了。

陶工们收殓了他的遗骸,当用船运遗骸回郑子木的原籍安葬时,全镇居民都纷纷到河边送葬，每人投下一枚铜币作为安葬费用，结果竟然装满了一船舱。从那时起，为了纪念这位为了大众利益而宁死不屈的勇士，茭草工人每人都系上一条白围裙。这个习俗在茭草工人之间世代相传，茭草工人的子孙们也在永远地悼念郑子木。

华光神

华光神与风火仙师、师主赵慨、蒋知四、郑子木都不同，他不是历史人物，而是一个极富神通变化、能降妖伏魔的神。所谓华光，便是"五显灵官大帝华光天王"，又称"五王"或"五显"。明代余象斗《南游记》中对其神迹有记载。其梗概是：华光原为如来佛前妙吉祥童子，因杀死独火鬼忤如来，遂贬为马耳娘娘之子。后复投生"萧氏"（妖魔吉芝陀之母，真萧氏已被捉去），华光遂四方寻母，上穷碧落，下及黄泉，大闹三界，方救得生母。最终复为如来收伏，皈依佛道，玉帝封其为"玉封佛中上善五显灵官大帝"。华光作为景德镇瓷业保护神，很难找出其与景德镇瓷业的内在关联，可能源自其具有降妖伏魔、神通广大的法力，陶瓷行业能够得其神力庇佑。

华光成为景德镇制瓷业的行业神则始于隆庆年间："隆庆五年，陶务日急，职司以器不中度且逋限为忧，民又共祷于神，无何，巡抚中丞徐公请改式宽期，及牒下，如此请，民益喜曰：'兹神贶大矣。'"祀奉华光的五王庙，建在珠山北侧横田社朝阳门。嘉靖二十年（1541年），官府曾一度将庙宇改为公署，但不久又改为民祠。乡民祈雨救旱，瓷工祝愿陶成，都要到五王庙华光神像前祈求祷告。每年元宵佳节，传统的龙灯节目，都要到五王庙表演，金鼓震动，鞭炮轰鸣，焰火璀璨，热闹非凡。

天后娘娘

天后宫坐落于市区戴家弄一侧。史载，天后祖籍福建，是莆田人林愿的第六个女儿，原名林默。幼年，她便精通玄理，预知祸福。死后，显灵海上，保护过往船只。元成宗时被封为天妃，清康熙时被奉为天后。景德镇地处内地，何以要祭祀这位海上女神？据说，古时福建有位瓷商，一次贩运景德镇瓷器去海外，船行至途中，突遇狂风巨浪，眼看要遭灭顶之灾。绝望之中，瓷商大呼天后保佑。天后果然显灵，使商船转危为安。重抵景德镇后，瓷商为报天后救命之恩，遂以全部资财建造了这座天后宫。天后娘娘也就成为客居景德镇的福建瓷商的行业保护神，天后宫成为他们的祭祀、聚集的场所。

据了解，天后宫占地面积1700多平方米。正殿气魄宏伟，图案花卉雕于梁柱、四壁。过去每年旧历三月三和重阳节，在景德镇的福建客商，均要在天后宫聚集一堂，连续三天祭祀天后。当时宫内香烟缭绕，鼓声乐声不绝于耳。

钱大元帅

钱大元帅是大器匣钵业的行业神，新社公庙里原供奉着木雕的五尊菩萨。据说，钱大元帅是发明大器匣钵的第一代师傅，有兄弟五人，至于是何时和怎样发明做匣的，没有文字记载，当地人也说不清楚。庙宇建于何年也不清楚，只是从其新旧和建筑风格来判断，估计有200余年的历史。钱大元帅庙宇现早已拆除，原址在今陶机厂行政大院内。钱大元帅是大器匣钵工人们的行业神，而新社公庙就是他们集会的地方。大器匣钵厂分都、抚、饶三帮。都帮称为"大器匣钵厂都帮道路众"，抚帮称为"大器匣钵厂抚帮道路众"，饶帮称为"大器匣钵厂饶帮道路众"。他们为什么称为"道路众"，现已无处查询，也无人能解释得清楚。

每年农历四月十六日至十九日，三帮工人和匣户都要到新社公庙集会、办酒宴、演戏，客人有里村三街的绅士、工人和匣户，也有总、副老板和头首。每隔三年或十多年不等，只要遇到生意好，匣工们就要把庙中的钱大元帅重新油漆妆金，名曰"开光"。"开光"由总、副老板和头首负责组织。他们先请处士来退神，挖出上次埋的"腹脏"，重新油漆镶金，处士要在附近山上竖兵帐，说退了神的菩萨已经没有了兵马，要再次"招兵"。

菩萨镶好了金，就在庙前空场上，按东西南北中，用桌子搭上小台起五猎神。每晚将菩萨用轿抬到空场上，鸣锣、摇钢叉、放鞭炮、点火把、点灯笼，处士装模作样地打起来，上山过河，穿街入巷，到处乱跑，谓之"收兵"。这样要活动三个晚上，每晚都要到半夜。最后一天游行，全行业停产一天，劳资双方吃了早饭，都到庙里来。马脚还要走马，先游厂后游街，从后街十八桥上，到太平巷转中山路下。修菩萨的总、副老板和头首等，都要手捧托盘，内放檀香炉，穿着长衫，跟在菩萨后面游街。

3. 娱乐化的民间祭祀

开禁迎神

景德镇窑民对"风火仙师"的崇拜，如同对土地神一样。人们相信风火仙是灵验的，"当兹惠民通商，利工便俗之世，其效灵宜也"。[1]由于灵验，窑民对风火仙的崇拜更加虔诚。

因而，在景德镇过去有很多有关"风火仙师"的酬神活动，"五月节迎师主会，六月还拜风火仙"。烧窑业还订有行规：二十年一届开禁迎神、招收徒工，举行迎神赛会。届时，窑帮"同庆社"将召开盛大的"开禁迎神"活动，既庄重又热闹，可以说是景德镇最为隆重的"陶人盛典"。迎神时，要到师祖的童街（风火神童宾的出生地），然后请画师绘制两面飞虎大旗，同时设宴款待师祖后代。

祭祀"风火仙师"的迎神会规模浩大，参加人数众多，庄严肃穆。

---

[1] 朱琰.陶说[M].杜斌，校注.济南：山东画报出版社，2010：34.

根据老人们的回忆，整场祭祀活动首先是由分成两排的仪仗队开始的，第一排为四支火铳开路，每走一处都要朝天放三响；第二排是两面风火旗。风火旗以金黄色为底，镶黑边，旗上绣着两只飞虎；其次是乐队，乐队由四组民间吹奏乐组成；接着便是乐队后面的"万民伞"，是从全镇百姓中由每家出一块小角布缝制而成，角布大小、颜色不一，但以黄、红、黑、白、蓝为主。万民伞之后是"风火仙师"像，由四人庄严肃穆地抬着。"风火仙师"身上穿麻布短褂，头戴斗笠，脚穿草鞋，完全是烧窑工人的形象。最后是吉祥如意队伍。童男童女装扮成的各种故事人物，象征着人们的美好愿望。

从民国时期的一次"开禁迎神"活动，我们可以从中领略一二："工商人等，在平时大都省吃俭用，质朴无华，遇到逢届迎神则不吝用途，尽力张罗，缝新衣，做首饰，扎台阁，打爆竹，张筵弄酒，大吃大喝，在所不惜。如1933年那次迎神赛会，就有台阁（又称抬阁，是由数名儿童扮演古装戏中的人物，站在四方形阁子上，由大人抬着行走的一种娱乐活动）一百多架、纺绸长龙几十条。人们舞狮子、打蚌壳（灯）、扮地戏，五彩缤纷，万花缭绕……前导开路的是标有'风火仙师'的大灯笼一对，接着飞虎旗两面，后跟军乐队、执事牌（肃静回避、金瓜月斧等），然后台阁、龙狮依次排来，之后香亭宝鼎，鼓乐笙箫，恭引祖师座轿。信士骑马、坐轿，捧香背烛，再后面是四人扛着的大鼓铜锣，锣鼓声、爆竹声，喧嚣杂沓，响彻云霄。迎神的耗用，仅就一百二十来家烧窑户，以每户平均二至三百块银，连同千家万户大小做窑户，粗略估计，全镇耗用当地银元五六万元，相当于当时一万两千多担米左右。"[1]

---

[1] 黄席珍、刘建华.师主庙和风火师[A].江西文史资料选辑（第七辑）[C].南昌：中国人民政治协商会议江西省委员会文史资料研究委员会.1781:125.

暖窑神

　　暖窑神，即祭祀窑神。每年初冬过后，每座窑每年都要去御窑厂南侧东辕门前的佑陶灵祠进行集会，祭祀窑帮信奉的"风火仙师"（即童宾先师，也被称为"广利窑神"）。

　　过去，暖窑神活动是一项很严肃的祭祀活动，后来逐步演化成一种娱乐活动。首先，拖坯者向各搭坯者收取两块银元用于祭祀活动，通常每座窑可以收50～80块银元。待钱款收齐后，拖坯者与把桩商谈好费用的安排以及日期的确定等，然后交与各窑工实行。其次，要把窑神的神龛安在窑囱附近，形似土地庙，内放木质灵牌，上书"风火仙师童宾神位"，由小伙手常年侍奉香灯，每逢年节和重新挛窑，都要焚香燃烛，由把桩率众叩拜。再次，全体瓷业工人要进行虔诚叩拜后，大家齐动手搭建戏台，进行请戏、酬神活动。最后，全行业一起共同聚餐，交流感情。

　　对"暖窑神"活动，《陶瓷习俗》中进行了比较详细的记载："每年初冬一过，各窑都在某次窑后，举行一次'暖窑神'活动，祭祀的'风火仙师'又名'广利窑神'。这种祭祀活动，首先由拖坯向各搭坯户收取'暖窑神'的费用。一般是一夫坯2块银元。每座窑可收到50～80块银元。款收齐后，拖坯与把桩商量好费用的安排，确定日期，交各窑工分头进行，向酒楼订好酒席，请三脚班，借桌凳、香炉烛台，布置场面等。'暖窑神'这一天，窑里打扫得干干净净，窑门上贴着用黄裱纸书写的'风火仙师'四个大字，两旁贴着一副'风助火力'、'火借风威'的对联；窑墙两侧，挂两面大的'飞虎旗'。窑门前面摆着几张桌子，中间空出一块踩地戏的场子。黄昏，窑工们齐集窑上。把桩点燃红烛、长香,虔诚默祷叩拜,并燃放鞭炮。接着,酒楼送来四盘十碗加热炒或十碗加热炒席面上桌(钱多时还办过八大八小席面),大家一边饮酒,一边看三脚班的踩地戏,一直到深夜收场。"[1]

拜知四神

蒋知四是景德镇清代瓷业工人,他为争取工人福利而同官府斗争,因领导"打派头"(即罢工活动)而遭到迫害,工人们为纪念他而进行祭祀,因而,蒋知四便由民间英雄人物上升为行业神,享受景德镇坯房工人的香火。他为工人争取到的福利被称为"知四肉",这种肉有一种固定的做法,就是先配上大蒜和豆豉在锅里爆炒,然后放进豆腐清煮。瓷工在吃"知四肉"时,会自然想到蒋知四的恩情,并进而形成了一种简单的祭祀仪式,即"拜知四神"的习俗。民国前,坯房吃肉时,"做头的"都要把"知四"牌位供奉在晒架的料板上,然后焚香燃烛,放鞭炮,作揖祈祷。礼毕,大家围坐在一起,吃着每人一份用大蒜、豆豉烧的"知四肉"。民国后,虽逐渐取消了供奉仪式,但吃"知四肉"的习俗,一直保持到新中国成立初期。

关帝开光

关公的历史故事民间百姓已经耳熟能详,他忠义勇武,成为光耀尘世的"武圣人",并逐步被民间供上神坛。作为公共神祇,关公也

---

[1] 林景梧,孙昌.陶瓷习俗[M].历史文化名城《景德镇》编委会内部铅印本,1996:65.

受到历代封建帝王的封赐，地位不断提升，成为"关圣大帝""关圣帝君"，对中国文化产生了广泛而深远的影响。

在民间，关帝信仰非常普及，全国各地都建有关帝庙，供奉关帝的塑像。在景德镇，关帝信仰也非常昌盛，通过祭祀，彰显关帝的忠义品格，对于加强瓷业社会的情感沟通和交流合作，增强行帮的凝聚力、向心力具有重要的意义。因而过去每年农历五月十三日，在关帝神诞日，景德镇瓷业工人都会举行开光仪式，进行祭祀、膜拜。随着经济社会的发展，关帝开光仪式逐步娱乐化，成为娱人娱神的重要民间节日活动。如1946年抚帮举行的关帝开光仪式，甚是热闹。"1946年旧历五月十三日，景德镇的抚帮（属杂帮）为关帝举行了一次开光出巡，非常热闹。那是抗日战争胜利之后不到半年的事。抚帮人原有祭祀关帝的传统习惯，因八年抗战，大家生活都自顾不暇，所以很长时间未给关帝开过光。抗战胜利后，生意又好，抚帮人就决定给关帝开光出巡，并且确定把这次出巡搞得隆重热闹。当时抚帮人经营的瓷业，主要是琢器大行。为了庆祝胜利和显示财力，决定每一户老板都要装饰一架抬阁，几户合伙制扎一条彩龙，此外要装扮各种戏名、杂耍、高跷等。抚帮几个武师，如洪掌魁、李文彬等人，则负责专打乌狮子。当日9时，天气晴朗……笔者随着人群，上街观看热闹，只见满街人来人往，拥挤不堪。游行队伍约二里多长，头队已到陈家街，后尾还在杉树巷没有启程。走在最前面的是16名铳手，沿路放着土铳，轰声震天。继之各种彩旗招展，鼓乐喧哗。各架抬阁中间，夹杂着高跷、杂耍，真的十分热闹。洪掌魁打的乌狮子，更是精彩，吸引着很多观众随行观看。队伍中间由16人抬着关帝神像，金发长髯，庄严威武。神像前后，人们抬着祭神物品。神像前面，有一副红布长联，上联是'生蒲州、事豫州、让徐州、守荆州，万古神州有赫'，下联是'兄玄德、弟翼德、释孟德、擒庞德，千秋至德无双'……神像后面，又是一大群抬阁、彩龙和鼓乐等。那次抬阁之多，游人之众，超过历次游行盛况。据说共有抬阁120座，每座抬阁，各饰一个历史戏名。坐抬阁的都是十一二岁的小孩，他（她）们戴着金银首饰，穿着（注：原文为'的'）绸缎袍服，十分惹人喜爱。每架均有四至八人照顾。至于这次出巡盛会，究竟花费多少，因缺乏资料，无法估计……"[1]

这种酬神与迎神赛会的民间俗信活动，参与者众多，花费不菲，形式上似乎是一种娱乐狂欢，实际上却承担着重要的社会功能。祭祀酬神活动对同一行业的民众来说，具有特别的意义。通过对共同神灵的崇拜，可以起到促进团结，加强情感交流，增强行业共同体认同感，提升群体成员荣誉感，增强群体凝聚力等作用。（图53）

图53 祭拜关帝

---

[1] 杨珑.忆一九四六年抚帮为关帝开光[J]//景德镇文史资料（第八辑），景德镇：政协景德镇文史资料研究委员会，1992：203—204.

六 循规蹈矩的节庆生活

景德镇瓷业节令习俗,除具有春节、元宵节、清明节、端午节等中国共同的传统节令习俗之外,还具有其独特的行业节令习俗。即便是传统节令习俗,仍具有地域特性,和陶瓷文化紧密相连,"瓷"味厚重,展现出"瓷都"独特的节令文化韵味。

1. 井然有序的传统节俗

在景德镇，腊月二十四日为小年，自这天起各家各户都开始忙于置办年货。歇了手（停工）的工人就挑起货郎担子穿街走巷贩卖一些豆芽、冬笋、香菇、木耳等年货产品，做点小本买卖，俗称"挑八股索"（前后担共计八根绳索）。（图54）

图54 挑八股索

大年三十，家家户户都有贴春联、门神的习俗。但镇上也有独特之处，那就是用松柏树枝在窑屋和坯房大门口搭起的牌坊春联。牌坊门楣上方的"欢度新春"四字和上下联，用针匙（瓷器汤瓢）或小瓷碟组成。

茭草行在大年三十晚上还有拜观音菩萨的习俗。茭草行收购的稻草主要依靠昌江运输，昌江水深流激，常常发生沉船事件，时有性命之虞。因而，为了祈求运输安全、生意兴隆，大年三十晚年夜饭后至午夜十二点，镇上茭草行老板及从事稻草贩运的农户都要拜祭观音菩萨，祈求菩萨护佑。

初一早晨，亲戚邻居朋友之间要相互拜年，各家各户都要准备好点心，招待来拜年的亲朋好友。在"上七"那天，照例老板要请伙计吃酒，如果老板请哪一位伙计坐上（首席），这位伙计便是饭碗丢定了。照例在这桌酒席上的第一盘菜便是肉丸子，名曰"炮子"，因此辞退工人也叫"放炮"。

"上七"（正月初七）过后，舞龙灯的喜庆活动就逐渐热闹起来，各帮各业各有特点。最具有地方特色的有南昌人春园业的"板凳龙"，茭草行的"草龙"（龙身上按顺序插上供神的香火），还有用条凳扎成的"双狮"，用瓷汤匙、瓷盘、瓷碟等扎成的"瓷龙"、"瓷凤凰"、"瓷鹤"等。（图55）

元宵晚上各瓷工及居民家中除将厅堂、住房各处点上灯烛外，并在房屋所有阴暗角落里的地上插上一支小蜡烛，点上一支香，叫"照虫蚁"。大人骗小孩说："这是老鼠半夜嫁女，不要睡觉，守着才能看见。"第二天小孩问起，大人就说："你睡着时，老鼠坐了花轿顺着蜡烛走过了。""照虫蚁"本意其实是驱赶虫蚁。窑砖砌成的屋子里面的泥土地面较为潮湿，易生虫蚁。故祈望借"照虫蚁"活动驱赶虫蚁，减少虫蚁在住宅内的繁衍。

图55 瓷龙

清明节有祭祀祖先的习俗。在清明这一天，各自的会馆、公所、祠堂举行祭祀会，一户一人参加，组成祭祀队伍，长方形社旗（帮旗）走在最前面，后面紧随的是十番班乐队，再就是礼盒，里面备好三牲、酒饭和香烛。其他会员或手里拿着用瓷器篮装着的纸钱，或用担子挑着纸包袱，吹吹打打去墓地扫墓。

端午节，景德镇瓷业工人拥有难得的福利，如坯房规定，坯房老板全家要和所有工人共锅吃饭。这餐饭比较丰盛，每个工人半斤肉、两个灰包蛋、两个粽子、三封黄表、一对小蜡烛、三支香，用大碗（灰可器窑户，用灰器碗）装一平碗生瓜子，上面放两包雄黄、五个铜元（折酒钱），一碗洗切好的生韭菜，上面放洗切好的生黄瓜，一碗油煎豆腐，一碗烧熟了的猪头肉，下垫乌腌菜，一碗烧熟的绿豆芽，一碗熟泥鳅，一碗切成小块的小花片鱼，一碗烧熟了的水笋。这就是"雄黄酒"，也叫"黄瓜酒"。八至十二人一桌，按桌计算，每桌一束菖蒲艾。

匣厂酒席更为丰盛。到初六日装小器工人到匣厂挑匣钵时，老板还供应粽子、芝麻粉，可以任意吃，但不能带走。（图56）

在中秋节，除全家团聚、吃饼赏月外，还有一些其他习俗。如坯房规定，窑户老板要命挑担师傅按八至十人一桌计算送去食品。一桌四斤猪肉、二两瓜子、二只鲜蛋、二两黄花、五钱木耳、四两粉丝、半斤咸鱼、二两漂粉以及芋头、青菜若干。一共十样菜，再加四百个铜钱，每人一只生糖酥、一只扁麻酥。"红饭"师傅（正式脚位）才

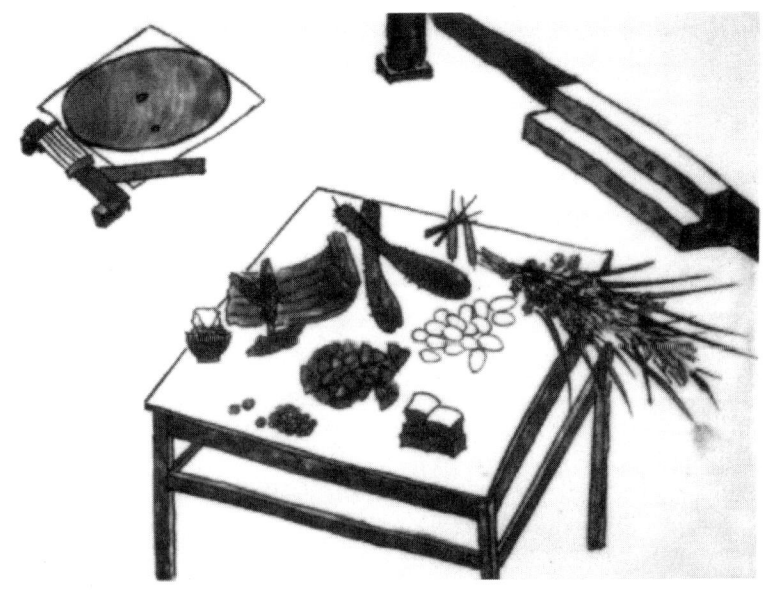

图56 黄瓜酒

有这份待遇,而"黑饭"师傅(无正式名额的工人)则没有这份待遇。

到了腊月底,来自外省外县的瓷业商人和工人都要陆续返乡和家人团聚,当地有句顺口溜:"有钱冇(máo,没有的意思)钱,回家过年;粗茶淡饭,一家团圆。"因而,腊月底,各瓷商、瓷厂及老板和工人之间的结账工作非常繁忙。(图57)

腊月二十八,都昌籍一部分余姓和邹姓的瓷工在这天的全部菜肴都是用豆腐做成的。关于豆腐年的由来,有一个传说。据说邹姓有位祖先活到一百九十多岁,没了牙齿,在腊月二十八儿孙们只有做豆腐菜肴陪他过年,腊月三十晚上再过荤年。这个规矩一代代传了下来,以示对老人的孝敬。

图57　有钱冇钱,回家过年

2. 独特的瓷业节俗

景德镇陶瓷行业,因其用工季节、信仰习俗等地域性特点,在瓷业发展中,不断衍生出了一些自己独有的行业节令习俗。

过"上七"和"放炮子"

农历正月初七,景德镇讲究过"上七"。烧窑做坯的老板开始请"春酒",邀请窑场或坯房的伙计做客。酒席上第一盘菜就是肉丸子,名曰"炮子"。如果老板请某个伙计坐上(首席),又亲自夹个"炮子"放在他饭碗里,就意味着老板辞退了这个工人。所以陶瓷行业称此举为"放炮"。而红店老板请彩绘师傅过上七,则在滚烫的红烧肉碗里埋鸡蛋,并把它夹到要辞退的人碗里,意即"滚蛋"。

花朝起手

农历二月十二日传说是花神的生日,因而被称为"花朝"。景德镇陶瓷圆器业规定每年"花朝"开工,这天老板要摆"起手酒"宴请工人,做坯师傅按规定当天只做四板坯。如果老板要提前开工,则叫"烧春窑"。"烧春窑"应征得工人的同意,否则只能等到"花朝"开工。

"烧春窑"时,如果瓷工都已回家且无法赶回来时,可请临时工。春窑全部在二月十五日结账。"花朝"开工时是二月,即新年上工的第一个月,所以这个月的工资又称为"起手钱"。

"起手酒"并无酒席,只是付给每个工人双份工钱,这种钱叫"小酒钱"。"花朝"后起手开工每人只给三十二个铜钱。二月叫"起手钱",三月叫"清明酒钱",四月叫"人工钱",五月叫"端阳酒钱",六月叫"人工钱",七月叫"七月半酒钱",八月是"中秋酒钱",九月是"重阳酒钱",十月是"人工钱",十一月是"冬至酒钱",并停工一天,不停工的则每人贴补四两猪肉,叫"买冬至",十二月初八工人回乡没有小酒钱。这种规定只适用于坯房六脚师傅(六个工种)。

花朝起手,这种开工习俗,反映了景德镇瓷业的生产安排常和节俗紧密结合。

水龙会和打火醮

"水龙会"是各行各帮的民间救火组织。"水龙会"一般从上年二月初二"龙抬头"(也叫"龙起水")时开始确定做会日期,另外还有在端午前后确定做会日期的。每年一次,各行各帮每户都要报"出龙"人员（救火员）名单，并进行分工。掌握水枪的叫"龙头"，由身强体壮、勇敢冷静、经验丰富，且在行帮中具有一定影响的2～3人担任。在做会时，名册上的人员均到会作救火演习。水龙会会址有一定面积的场地，场内放置救火用的水箱、水枪、水桶、帽子、马甲、铁钩、会期等，并设置专人看守，防止灭火工具被人破坏。当火灾发生时，即有人鸣锣报警，救火人员就会立即奔往水龙会，按分工拿会旗、挑水桶、推水箱、拿水枪、拿钩子等工具一起赶往灾区。按规定鸣锣人回到水龙会时，救火人员也须赶到。在火灾区附近河边担水到火灾区，有专人发筹码，作为参加灭火工作的凭证，筹码为大约长二尺宽一寸的竹片，上面写有会所名称等字样，并打上了桐油。火灾结束，救火人员凭筹码去会所领钱。大商家、厂家救火工具一般自备。（图58）

火灾后，为了避免以后火灾的发生，附近人家往往都会请道士做

图58 水龙会

法事祭神,叫"打火醮"。"打火醮"一般在房子大厅内进行,上方挂玉皇大帝、三清尊教主等画像,画像下设供桌,摆设各种供品,两旁悬挂纸扎的比真人略小的神灵,如托塔天王、哪咤、海龙王、太白金星、雷公、电母、风伯、雨师、水神、火神、北斗、南斗等,供桌下方则放置黑白无常等鬼神。门外立幡,墙上张贴皇榜文,大意是谢神祈福、驱邪消灾等话。道士身披法衣,念经拜坛。这样的法事一般要进行三天。最后,道士把一块烧红了的窑砖放进一个铁勺子里,倒上米醋,在呛起一股热酸气时,由一年青人拿着跑向各家屋内绕一圈。随后,道士一手拿盛清水的碗,一手拿柏枝,到各家洒净水,消灾驱邪。法事结束前,人们排成队伍,吹吹打打,在道士的看押下,把这些纸人、纸钱送到河边焚化。"打火醮"及酒饭开支由举办法事的这一段各家自愿捐助,捐助金额在法事结束后张红榜予以公布。

变工节

农历七月十五,这个日子本来是汉族传统的祭拜祖先、超度游魂的中元节,窑帮却根据瓷业生产"七死八活九翻身"的惯例,定为"变公节"。意思是说七月烈日炎炎,消费者不出来购物,市场上的陶瓷制品大量滞销,生产厂家只能停工歇业。八月,市场才微微复苏。到了九月重新开工生产。因而,把农历七月十五日作为调整生产、重新组织工人"上场下地"的大变动时刻,就叫做"变工节"。在"变工节"期间,工人可以休息三天(一般是四天后才开工),以免在调整人事中影响生产。就在这几天,工人可以随意请辞,不受时间影响,老板换"做头的","做头的"换"板板"(小领头),"板板"换伙计(操作工人)。所以这时候工人们的情绪都很紧张,有的借酒消愁,有的以赌解闷，有的东访西问，担心自己失业。

烧"太平窑"

景德镇在中秋节还盛行烧"太平窑"的习俗。中秋之夜在昌江沿河用烧窑废弃的圆渣饼搭起一座座圆筒式的窑，用窑柴或柴皮等做燃料投进窑里燃烧，大人小孩共同参与。一座座太平窑沿着昌江一字排开，就像一条火龙。围着太平窑，人们欢声笑语。这种习俗的形成，有一段可歌可泣的历史故事。相传太平天国期间，太平军曾几次到过景德镇，有一次太平军又要攻打景德镇，清兵的头目为了死守景德镇，堵住江西通往安徽的通道，下令将镇上所有的烟囱和瓷窑拆掉，用砖头筑起一座座工事，抵抗太平军的攻打。瓷窑是窑工们的命根子，窑工和百姓都表示反对，痛骂清兵的狠毒，抗拒不拆。清军头目便派人到窑上抓了几个窑工，拷打问罪。但全镇窑工奋力反抗，大家约定不拆一块窑砖给清兵。有一次，辅王杨辅清率领的太平军已逼临景德镇，清军知大势已去，只好撤退逃命。逃走前，他们将瓷窑的烟囱全部炸毁破坏。当太平军进入景德镇时，只见到处是断墙残壁，破门倒户，没有一座瓷窑的烟囱冒烟。太平军知道镇上的老百姓吃了苦，便下令打开官府的粮仓和金库，并要富户拿出钱粮，然后将米和钱分发给穷苦百姓。老百姓真是又悲又喜，于是，更加痛恨清兵，拥戴太平军了。驻在镇上的太平军，一次次打退清军进攻，并出兵反击，取得了胜利。镇上老百姓人人兴高采烈，可是由于遭清军洗劫，加上周围被封锁，商贾不通，镇上仍呈现出萧条的局面。转眼间，八月中秋节到了，窑工们反复商量如何使镇上热闹起来，让太平军和老百姓一道欢度这个佳节。后来有个老窑工出了个点子，他说：现在镇上到处都是渣饼，何不用这些渣饼垒成窑的样子，用松柴燃烧，以窑火来庆祝。他的主张得到大家的赞同。大家便都动起手来造成一座座渣饼窑。中秋之夜点起火来，只见到处红光闪闪，火焰冲天，太平军士兵与镇上居民围着窑火边观火赏月，边歌舞谈笑，欢乐到深夜。后来，太平军将士与窑工一道重新建窑烧窑，而此举使得景德镇的群众更加地拥护太平军。

图59　陶瓷民俗博物馆内的太平窑

为了纪念这一盛况，人们就一语双关地把它叫做"太平窑"。中秋节烧"太平窑"，成了景德镇的传统风俗习惯。（图59）

随着社会经济的发展，烧"太平窑"的娱乐性因素不断渗入，这一习俗后来逐步发展成为一项赛会活动。活动中，人们一起欣赏熊熊窑火，看谁的"太平窑"搭建得好、火烧得旺。景德镇的泗王庙、八卦图、戴家弄、千佛楼等地，烧"太平窑"最为有名。

烧"太平窑"的习俗一直延续至今，它记载了景德镇镇民反抗封建统治的历史，寄托了人们追求太平幸福的愿望，运用的是景德镇瓷工喜爱的烧窑形式，和中秋佳节赏月的室外活动结合起来，成为景德镇最具特色的节日习俗。中秋夜晚，当明月升到中天，镇上的百姓便开始投柴烧窑。几十座、上百座"太平窑"一齐燃烧起来，就像点燃了无数支巨大的蜡烛，照得天上地下、河岸水中一片通红。"太平窑"四周小孔内冒出来的火焰，就像一朵朵火花，也像一棵棵火树，与月光相互映照，成为瑰丽奇观。

"拖尸下河"

中秋节，孩子们还要做一种"拖尸下河"的游戏，也叫"拖鞑子下河"。这个游戏要准备约一尺长的半片竹子，在向内的一面中间打眼安上一根较粗木棍，左右各钻一个孔，穿上绳子。玩时，一个小孩笔直地躺在木棍上，两脚踏在竹片中间，背后一人或二人架住小孩双肋，前面一人将绳子套在胸前，飞跑前进。竹片滑在石板上，发出一片啪啪声，真有点令人惊心动魄的感觉。也有简单的游戏方式，只用一块窑砖，中间拴上绳子，小孩虚空地斜立在窑砖上，后面一人架起他的两肋，前面一人拉着绳子飞跑，不过这种简单的游戏玩不了多久绳子就会磨断。这样的游戏，一直轮流玩到尽兴才结束。

人工节

农历十月二十六日叫"十月人工"，是老板确定辞退或留用领工的日子，没有休息，只有酒钱。按照惯例，窑户要在这天把次年工人的去留确定下来，留用的装坯工、选瓷工、挑担工要吃"留人茶"。没有吃茶的，就是不再留用的。对"做头的"去留，则是在晚间请他吃酒时给予暗示。如窑户谈到次年生产打算，就是留用；反之，如讲些客套话，说什么感谢之类的话，则是表示不再留用。当"做头的"被确定不留用后，要及时告诉"板板"和伙计，以便他们及早做好打算；如"做头的"被留用，则对"板板"和伙计，也要请吃"留人茶"。如"做头的"不愿继续在原处工作，也可在当日辞工。留用工人可以预支工资，但有"扯八中"的惯例，即年前预支8元，来年发工资时要还10元。

腊月十三歇手

农历十二月十三日是圆器业规定停工的日期，工人不再做坯，故而叫"歇手"。瓷业生产有一个前松后紧的习惯，叫做"起手（开工）三日衍（敷衍），歇手三日赶"。歇手后要做完架上的半成坯，工人才可以回家过小年。当时规定在十三日停工，时间上算得很准确。因为停下以后，把架上的半成品坯做完要七天到十天，不会耽误工人回家过小年。有时因为生意好或者窑内缺坯，老板在征得工人同意后，可延长时间，叫"扯尾巴"。按行规，十三日以前是老板支配的时间，工人非做不可；十三日以后是工人自己支配的时间，如果不愿意，不能强制。扯尾巴期间，除正常工资外，每天还要供给每个工人四两肉和一些"耳朵"（佐料）钱。

小知识◎烧"太平窑"

烧"太平窑"习俗的由来，还有另一版本。相传，景德镇的镇民为了驱赶"元鞑子"（对蒙古族统治者的蔑称），在中秋佳节之时，把号召镇民暗杀"元鞑子"的纸条藏在月饼里，当天晚上，镇民统一行动起来杀死"元鞑子"，把他们的尸体拖到河边喂野狗，把烧窑用过的圆形渣饼垒建成塔状，焚烧"元鞑子"的衣物，以表庆贺。从此以后，每到八月十五，景德镇就有烧"太平窑"的习俗。

3. 行帮聚会性节俗

景德镇各行帮大多数有会馆，各会馆依照乡俗和行业习俗供奉了不同的神灵，在每年的五月前后，各会馆都要举行祭祀神灵的仪式，这种活动，通常称之为做会，是瓷俗宗教性节日，也是这个行帮的大型社会活动。

装小器的五府十八帮，每年四月初一至十八日，借都昌会馆做会。他们自己的集会，办事地点在佑陶灵祠风火仙对面的戏台上，因为帮内都昌人多，办事地方小，故借用都昌会馆。他们做会一天一个帮，轮到初一的叫初一帮，依次类推，至十八日的叫十八帮。届时全帮会众，从街师傅至各层徒子徒孙（散板），均在都昌会馆聚会吃酒，演戏酬神。声势浩大，异常热闹。

抚州会馆做会，一般定在每年农历五月十三日，因为传说中这一天是关公磨刀的良辰。祭神的主要活动有开光（给菩萨整容）、演戏、出巡等项目，规模、声势都非常浩大。一般会期三天，第三天下午，会员每人发会饼一斤，会头加倍。会馆中各县，各行业、社、姓氏做会，则多选在农历三月、五月、八月，活动经费各自筹措。

粉定业的工人行会以工种为单位,有做坯工的洪源社、利坯工的兴义社、雕塑工的义胜社、画坯工的乐礼社、草鞋帮的聚英社共五行。五行头的行会设在抚州会馆,从四月初一起,各行会开始集会,直到八月三十日止,在此期间,各行会要花钱买日子。届时,总老板、副老板、街师傅以及当年出师入会的新会员,在戏台两侧的楼上一边吃酒,一边看戏,其他人不得入内。集会后,新老会员每人领饼一斤。

其他各会馆、行帮做会,都有明确的会规。例如饶州会馆,每年农历五月十二日是饶州七县,五月十三日是乐平方姓,七月十五日是乐平福利社,八月二十四日是乐平二十四姓。在做会的日子,凡是有股份的,自己来吃酒,但是必须凭筹入席。筹有铜筹、竹筹,长约20厘米,宽3厘米～4厘米。铜筹上刻着社名,竹筹上打了社的火印。南昌会馆做会,有统一主办的,有各县、各行业、各会社分别举办的,也有各姓主持的。做会一般都要聚餐,有时要另行凑钱。主要集会时间、活动有清明节的烧纸义祭,中元节(俗称七月半)的"打醮度孤",八月间的真君会,冬至的祭祖等。徽州会馆除冬至日敬祖做祭外,徽帮从农历二月份开始,每个行业轮流做会三天。每个行业组织称作社,做会时,社员凭带有绸布的竹筹到会馆领取二斤饼。

各会馆及各行帮借做会鼓励会员,团结会员,造就声势,扩大影响,向社会展示力量。这种做会,除宗教性质外,还具有鲜明的地域性、行帮性和行业性。

七 枝繁叶茂的歌谣传说

明清以来,景德镇是商贾云集、五方杂处的工商业码头,有"十八省码头"之称。瓷业生产、贸易发达,人口云集,城市繁荣,正如督陶官唐英所说:"其人居之稠密,商贾之喧阗,市井之错综,物类之荟萃,几与通都大邑等及。"[1]城市的发展,瓷业的繁盛,全国各地瓷商、工人的聚集,使得景德镇成为当时全国著名的四大名镇之一。在城市和瓷业的交融发展中,大量瓷业歌谣、传说、故事不断产生,枝繁叶茂,生机盎然,为这块神奇的土地增添了一大亮色。

---

[1]张发颖.唐英督陶文档[M].北京:学苑出版社,2012:14.

1. 文人雅士的瓷都印象

景德镇陶瓷声名远播，不仅吸引了普通瓷业工人、客商，也吸引了不少文人墨客，他们通过自己的独特感受，写下了对景德镇瓷业发展的观感、人们的生活面貌及城市的变迁，成为呈现景德镇瓷业历史面貌的重要画卷。

珠 山

[五代] 和 凝

山色川光南国天，珠峰千仞绿江前。

萧萧伫立秋云上，多是龙携出玉渊。

作者简介：和凝（898～955），字成绩，郓州（今山东东平）人。凝幼而聪敏，形神秀发，梁贞明二年（916年）举进士，历仕后梁、后唐、后晋、后汉、后周。性好修整，亦好延纳后进，作文以多为富，长于诗词，有集百余卷。新、旧《五代史》皆有传。

送许屯田

[宋]彭汝砺

浮梁巧烧瓷,颜色比琼玖。

因官射利疾,从喜君独不。

父老争叹息,此事古未有。

作者简介:彭汝砺,字器资,鄱阳(今江西波阳)人。宋治平二年(1065年)举进士第一。入仕不久,即遇王安石变法,继而新旧党争愈演愈烈。他耿介不阿,直言敢谏,人以为贤。官至吏部侍郎、权吏部尚书。他读书为文,志于大者,言动取舍,必合于义,与人交,必尽诚敬。所著《易义》、《诗义》、《诗文》等凡五十卷。《宋史》有传。

兀然亭

[明]缪宗周

陶舍重重倚岸开,舟帆日日蔽江来。

工人莫献天机巧,此器能输郡国材。

作者简介:缪宗周,曾任佥事,余不详。

陶 歌(选五首)

[清]龚 鉽

(一)

江南雄镇记陶阳,绝妙花瓷动四方;

廿里长街半窑户，赢他随路唤都昌。

（二）

几家圆器上车盘，到手坯成宛转看；
坯堞循环随两指，都留长柄不雕镘。

（三）

青花浓淡出毫端，画上磁坯面面宽；
识得卫风歌尚迴，乃知罩釉理同看。

（四）

满窑昼夜火冲天，火眼金睛看碧烟；
生熟总将时候审，此中丹诀要亲传。

（五）

雕作从来枉作劳，更嗤桃核刻牛毛；
圣朝器服惟坚朴，又使矜奇到若曹。

作者简介：龚鉽，字季适，南昌人。清嘉庆年间曾在浮梁当幕僚多年，与景德镇瓷业工人多有交往。他根据瓷工窑户的言谈和劳作情况创作诗歌百首，后整理出六十首，题曰陶歌。

陶阳竹枝词（选三首）

[清]郑廷桂

（一）

蚁蛭峰窑巷曲斜，坯工日夜画青花；
而今尽是都鄱籍，本地窑帮有几家。

（二）

坯房挑得白釉去，匣厂装将黄土来；

上下纷争中渡口，柴船才拢槎船开。

（三）

五月节迎师主会，六月还拜风火仙；

龙缸曾读唐公记，成器成人总靠天。

作者简介：郑廷桂，嘉庆时人，嘉庆二十二年（1818年）副贡出身。

仲春珠山陶署即事

[清] 唐　英

久客浑忘客，浮家且当家。

卷帘通燕垒，洗耳报蜂衙。

有限寒随雨，无边春到花。

陶渔成官隐，须鬓任年华。

作者简介：唐英（1682～1756），字俊公，号蜗寄老人，汉军正白旗人，世居辽宁沈阳。《清史稿》有传。清雍正、乾隆时景德镇御窑督陶官员，在清朝历任督陶官中唐英成就最为卓越。自清雍正六年（1728年）始，唐英协理年希尧在景德镇驻厂督理窑务。年窑（清代年希尧所监督的江西景德镇御窑厂及其督造的瓷器的代称）取得的成就，离不开唐英的功绩。乾隆元年（1736年），唐英先后管理淮安关、九江关，兼理窑务，除短期外调粤关，前后历时二十余年。在丰富实践的基础上，唐英撰写了《陶成纪事碑》、《陶冶图说》等陶瓷工艺专著。

咏宣窑霁红瓶

[清] 弘历

晕如雨后霁霞红，出火还加微炙工；
世上朱砂非所拟，西方宝石致难同；
插花应使花羞色，比画翻嗤画是空。

作者简介：清高宗爱新觉罗·弘历（1711～1799），清定都北京后第四位皇帝，年号乾隆，寓意"天道昌隆"。他25岁登基，在位六十年，退位后当了三年太上皇，实际掌握最高权力长达六十三年零四个月，是中国历史上执政时间最长、年寿最高的皇帝。

窑 民 行

[清] 沈嘉徵

景镇产佳瓷，产器不产手。工匠来八方，器成天下走。
陶业活多人，业不与时偶。富户利生财，穷工身糊口。
食指万家烟，中外贾客薮。坯房蚁蛭多，陶火烛牛斗。
都会罕比雄，浮邑抵一拇。承乏莅岩疆，才庸惕蚊负。
百务拙补勤，民困引余咎。区区恫瘝心，暇时历田亩。
马鞍东南山，荒冢叠培塿。瞥见草中人，偃卧如中酒。
尘淹百结衣，风扬蓬飞首。形骸半已僵，面目黎以垢。
头上翔饥鸟，脚跟蹲黄狗。吊客集青蝇，挽吻各赳赳。
呼伴扪其胸，残魂丝一绺。关启润茶汤，目眙渐运肘。
问伊至此由，泪枯气咽吼。嗫嚅约略言，身业陶工久。
佣工依主人，窑户都昌叟。心向主人倾，力不辞抖擞。
粝食充枯肠，不敢问斋韭。工贱乏赢资，异乡无亲友。

服役二十年，病老逢阳九。饘粥生谁供，死况思蕙柳。
弃我青山阳，青磷照我傍。死生不自觉，显晦竟微茫。
狼狈于此极，速愿归冥乡。我已安命数，君无代彷徨。
我闻泪沾臆，四顾惨以伤。天乎好生德，人心奚云亡。
邑令虽末吏，舍我其谁当。与其埋骴骼，何如拯膏肓。
此情堪上达，仁宪皆龚黄。不顾余清俸，解此孤贫殃。
心长忘力短，聊为仁者倡。养济斯人始，建院及四方。

作者简介：沈嘉徵，字怀清，山阴（今浙江绍兴）人。清雍正四年（1726年）任乐平县令，约雍正六年（1728年）由乐平调补浮梁县令，前后十六年，守廉勤政，体恤民情。多次捐银俸为地方谋利，创办昌江书院以倡文风，修筑莲荷塘堤以除水患，为浮梁历史上少有的廉吏之一。

游景德镇
谢觉哉

配料调色细且精，塑形绘影艺超群；
才知日用寻常品，曾费劳工无限心。
风格四如传古代，车轮载誉越重瀛；
瓷都跃进今方始，量质都须加倍成。

作者简介：谢觉哉（1883～1971），湖南宁乡人。1925年加入中国共产党，从事党的宣传教育工作。1934年参加长征。历任中央工农民主政府秘书长、华北人民政府司法部部长等职。新中国成立后先后任内务部部长、最高人民法院院长、全国政协副主席。党的八大当选为候补中央委员。

访景德镇

郭沫若

中华向号瓷之国，瓷业高峰是此都；
宋代以来传信誉，神州而外有均输。
贵逾珍宝明逾镜，画比荆关字比苏；
技术革新精益进，前驱不断再前驱。

（图60）

作者简介：郭沫若（1892～1978），四川乐山人。中国现当代杰出作家、诗人、历史学家、考古学家、古文字学家。他曾任全国文联主席、政务院副总理兼文化教育委员会主任、中国科学院院长兼哲学社会科学部主任、中共中央委员、全国人大常委会副委员长、政协

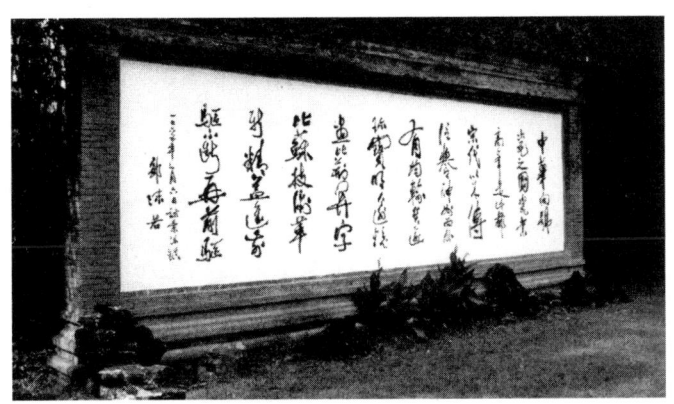

图60　郭沫若游景德镇题诗留念

副主席。

初到景德镇
董必武

昌南自昔号瓷都,中外驰名誉允孚。

青白釉传色泽美,方圆形似器容殊。

艺精雕塑神如活,绘胜描摹采欲敷。

共同跃进是前途,技术革新求实用。

作者简介:董必武(1885~1975),又名用威,黄安(今湖北红安)人。伟大的无产阶级革命家,中国共产党的创始人之一。他曾任中央人民政府政务院副总理、最高人民法院院长、全国政协副主席、国家副主席、代理国家主席。党的六届六中全会后当选为政治局委员,十届一中全会上当选为政治局常委。

景德镇神游
[美]郎菲罗

偶作飞鸟来此地,景德镇上望无余。

俯看全境如焚火,三千炉灶一齐熏。

充满天际如浓雾,喷烟不断转如轮。

苍黄光彩凝画笔,朵朵化去作红云。

作者简介:郎菲罗(H·W·Long Fellow,1898~1975),美国著名诗人。出生于美国缅因州一个律师家庭,曾任美国哈佛大学教授。19世纪四十年代曾游景德镇并作诗纪念。

2. 简朴俚俗的民间歌谣

民间歌谣往往以通俗、简练的语句表达广大普通民众的生活状况、社会地位及心情感受。景德镇民间歌谣,通过朴素、凝练的语句,鞭笞、抨击了人压迫人、人剥削人的社会制度,揭示了处于社会底层的广大普通瓷工的心酸血泪,客观地呈现了景德镇瓷业社会的生活场景。

坯房佬

坯房佬,坯房佬,捣泥做坯双手搅。
弯腰驼背受压榨,死了不如一棵草。

坯房苦

手持火把进坯房,照得一副好家当。
左边摆的匣钵桶,右边搭的料板床。
料板床上猪油絮,臭虫虱蚤闹嚷嚷。
翻来覆去睡不好,苦苦熬挣到天亮。

(图61)

图 61 坯房场景

一粒豆豉吃两餐

杉木料板七尺长，日里托坯夜当床。

一粒豆豉吃两餐，一盆馊饭两天粮。

望窑烟

手端饭碗望窑烟，一粒豆豉两口咽。

满窑烧瓷受压榨，一盆馊饭两天粮。

装坯开了禁

装坯开了禁,乡下得了信;

丢掉田不作,漏夜赶上镇;

三吊二百钱,买根压肩棍[1]。

学徒工

你吃的什么饭?我吃的梗颈红。

你吃的什么菜?我吃的臭烘烘。

你做的什么事?我做酒令盅。

师傅打你不?抓住两头打当中。

不好了

不好了,不好了!茅厕内死一坯佬。

街邻出钱买棺材,快叫地保扛着走。

进麻园[2]

拉坯又装窑,二索子勾腰。

病老进麻园,脱皮拆骨头。

瓷工一年歌

嬉新春,坐二春,东奔西走过三春。

四五六月定位子,七死八活九翻身。

---

[1]压肩棍:即扁担。
[2]麻园:新中国成立前景德镇埋葬死人的地方。

十月以后日夜干,严冬腊月转乡村。

十二月歌

正月机房教子,二月张生启程,

三月山伯访友,四月四九问路,

五月英雄聚会,六月夜访白袍,

七月徐庶荐葛,八月游龙戏凤,

九月夜打登州,十月金桥算命,

冬月海螺丝打瓜精,腊月四郎探母。

站在"风波亭"

窑烟冲上天,今年望明年。站在风波亭,烧窑真可怜。

进窑来做事,天天担风险。一脚窑场里,一脚场外边。

谁知哪一天,窑户"马咬砖"。歌手赶出窑,苦处对谁言。

茭草工人泪汪汪

茭草工人泪汪汪,累死累活苦难当。

冬天身披猪油絮,夏天赤膊到天光。

头发拖地无钱剃,盐水当菜糠当粮。

十有九个光棍汉,老死丢葬在山岗。

窑工谣

如今世道鬼天下,窑场牢房是一堂。

把头屋里酒肉臭,可怜窑工饿断肠。

窑柴行

窑柴行,窑柴行,两手空空可开张。

只要运气好,一天可赚万担粮。

船民

昌江河边泪汪汪,水上生活真凄凉。

破船挨过西瓜洲,官卡如虎把口张。

吸尽船民汗和血,刮断船民背脊梁。

船头卖儿又卖女,船尾爹娘把命亡。

莫拾

家有千担米,莫拾窑柴皮;

家有千担糠,莫拾窑柴桩。

打派头"双文"

县长县长,你听端详:

街上物价,天天上涨。

一日工资,辣椒五两。

工人生活,苦不堪想;

下抚子女,上养爹娘,

要求加资,理所应当。

万恶劣绅,操持窑场;

若不加资,就打派头。

一天不加,踩你坯坊;

两天不加,打你釉缸;

三天不加，要你蚀光；

四天不加，簸箕装肠。

你有官兵，我有棍棒；

不取顺利，决不收场。

小知识◎打派头歌

邵阎王，莫疯狂。加工资，理应当。

你有刀枪我不怕，我有棍棒你难当。

工人大众齐团结，当心你的五斤四两。

3. 枝枝杈杈的人物传说

传说故事虽然不是历史事实,但它却具有生活真实性,以人们熟悉的事物为载体,生根发芽,郁郁葱葱,植根于人们的日常生活,熟悉、温馨,让人感动。它如盛夏的一杯浓茶,淡淡的苦涩,幽幽的清香,恬恬的清新,萦绕于心田,将喧嚣阻挡在岁月之外。

景德镇的传说故事丰富多样,琳琅满目。人物传说,是其重要的一种类型。这些传说不仅包括历史名人、神话人物,甚至民间画坯艺人、雕刻艺人、烧窑艺人等普通陶瓷艺人,也能够进入民间口头传诵,共同绘制出绚烂多姿的景德镇陶瓷画卷。

神雕

民国年间,景德镇有个瓷雕能手叫曾生。他雕刻的作品精美绝伦、巧夺天工,大家都尊称他为当代神雕。曾生为人慷慨,常接济穷苦窑工,但他受恶势力层层盘剥,生活也十分困苦。

一个冬天,天很冷,下着鹅毛大雪。曾生病卧床上,咳嗽不断,面容憔悴。这天傍晚,曾生迷迷糊糊听见有人喊他,抬眼一看,见凶恶的屠县长和两名马弁站在床前。屠县长皮笑肉不笑地告诉他说省长光临,要他雕个雪罗汉赠送。曾生以生病回绝,但被屠县长的马弁架到县公馆后院,强行雕雪罗汉。

  冬去春来,曾生的病好转,他又开始工作。一天,屠县长又来找曾生,让他为自己雕一尊座像。出乎意料,曾生答应了县长的要求,但提出在雕像期间不许任何人进入他的坯房。

  很快到了交雕像的时间。这天,屠县长十分高兴,手拄文明棍,神气十足地率领一帮人,来到曾生的坯房。镇上的窑工也纷纷赶来,想看看究竟。雕像捧出来,屠县长一看,是一尊龇牙咧嘴、脑袋像猪头的座像,气得跳起来。"哈……"工人们一看哄堂大笑。屠县长羞恼万分,急令马弁将其打碎。但奇怪的是,任凭马弁棍如雨下,这座瓷像像铁铸一般结实,纹丝不动。屠县长急了,抡起文明棍,劈头劈脑地打去。这一打不要紧,雕像没动静,屠县长却"啊呀"倒地,抱头痛叫。原来曾生把对屠县长的仇恨,全部倾注到这尊雕像里了。屠县长慌忙爬起来,仓惶逃跑,哭丧着脸大喊:"神雕!神雕!"

智斗巴登

  清朝末年的一天,京城里有个外国传教士巴登到报国寺游玩。他登上毗卢阁,看见一个神龛里放着一尊明代雕刻的稀世珍宝——瓷观音。他顿时起了贼心,趁人不备把它偷走了。

  恰巧景德镇有名的雕瓷艺人周小泉来京传艺。听说这事后,告知报国寺当家和尚他会在七天后把国宝夺回。

  几天后,周小泉来到巴登的教堂里,取出一尊瓷观音给巴登看,巴登很惊讶，它和自己偷来的那尊瓷观音非常地神似。周小泉告知说，这是明代珍瓷，全中国只有两尊，为了给他配对才抱来，并以千两黄金为价。在巴登犹豫之际，周小泉乘其不备，把真瓷观音抱起，转身离开。

巴登不久之后才发现上当，这是周小泉仿制的瓷观音。他气急败坏地告到衙门。衙门没有物证，很难辨清，只得采用民间比试喝酒的方式来判输赢。巴登是有名的酒鬼，心中偷乐。

到了赛酒那天，京城著名的得月楼前人山人海。周小泉手中拎着一把特大号的酒壶，和巴登斟酒对喝了起来。三大壶酒喝下去了，周小泉面不改色，而巴登却醉成一摊烂泥。审判官只得将瓷观音判给了报国寺。

当家和尚将周小泉请到寺内，摆宴招待。席间，周小泉揭开了斗酒不醉的秘密。原来他在壶内设置了内外夹层，壶把上亦有机关，他喝的都是水。大家恍然大悟，都夸他是个智慧不凡的巧匠。

巧画"猪头瘟"

民国年间，南昌有个姓温的军阀，长得很丑且平日无恶不作，百姓们对他恨之入骨，都在背地里骂他"猪头瘟"。

有一年，"猪头瘟"为给自己庆五十大寿，在景德镇找来画瓷名师李民生，限其在五天之内为他画好一块瓷板像。

"猪头瘟"右眼瞎了，该怎么画？李师傅左右为难。

李师傅的独生女儿李金花，在父亲的熏陶下，也画得一手好画。她见父亲满脸愁云便询问缘由。问清楚缘由后，她告知父亲自己有办法。

交像的这天清早，"猪头瘟"带着几名走狗来到了李民生做工的画店。

"猪头瘟"看见自己画像右眼上带了一副墨镜,既遮住了丑,又显得更精神,连连叫好。"猪头瘟"一伙走后,李金花劝说父亲逃走,第二天早上,李民生父女就悄悄地离开了景德镇。

"猪头瘟"五十大寿那天,官员、军阀前来祝寿,络绎不绝。大家粗略看瓷像很精神,但细细一瞧,墨镜下的瞎眼依然看得清清楚楚。

原来,"猪头瘟"瞎眼上的墨镜用乌金釉所画。这乌金釉一经灯光映照便立即变得晶莹剔透。这样便使墨镜下那只瞎眼睛清清楚楚地显露出来。

"猪头瘟"见了,气得脸上发青,用枪把瓷像打得粉碎,前来祝寿的人全被吓跑了。随即他派人去找李民生算账,但哪里找得到呢?

朱元璋与公道杯

相传朱元璋定都南京后,有一天,他特地在光禄寺宴请开国的功臣们。席间,朱元璋拿出一只雕画龙纹的瓷杯对大家说:"卿等与朕南征北战,纵横沙场,功绩大小,尔等自知。朕今日亲自斟酒赐饮,尔等可视自己功劳多寡定斟酒长短。"说完,令徐达第一个上前领赏。徐达一来好酒贪杯,二来自恃功高,竟让朱元璋把杯子的酒斟得满满的。

谁知他刚端起杯子,这酒却不知怎的竟漏光了。而其他人喝这杯中酒,只要不斟满都尽得甘醇。众人百思不得其解。朱元璋笑着说:"此乃景德镇御器厂奉朕之命专造的九龙公道杯。古人曰:谦受益,满招损。众爱卿今日一试,其公其道,认为如何?"其实,公道杯的奥妙就在于运用了虹吸的原理,生动地揭示了一个世人皆知的人生哲理。

铁拐李与玉壶春

玉壶春,作为一种常见的陶瓷器型,深得大众的喜爱。其实关于玉壶春,在景德镇民间有一个有趣的传说。

相传八仙之一的铁拐李喜爱游山玩水,游览各地。这日他来到景德镇,感到口渴,希望能找到一些水。可是这周围人烟稀少,连小溪都没有一条。口渴之极,他拿起拐杖,朝着地面狠狠地扎了下去。这一扎不要紧,在他扎出的洞内,一股清泉喷涌而出。他用手捧起清泉,喝了一口,觉得十分甘甜可口,便想随身携带一些,但找不到器皿。

于是铁拐李来到观音阁,看见观音手里握的瓶子,灵机一动,便到周围的瓷器作坊内,用手一点瓷土,就做出了几个类似的瓶子。铁拐李拿着瓶子,刚刚装好一瓶,泉水便干涸了。铁拐李不禁有些失望,他把剩下的瓶子放在一旁,带着那瓶清泉,又腾云驾雾地云游四海去了。

后来,景德镇当地的瓷器工匠们,仿着这几个瓶子,便制作出了玉壶春。

瓷鞋惩恶

相传有个叫尖尖钻的窑主,老是想着法子来剥削工人。一天,他竟宣布熄火三天开窑,改为一天开窑。有个15岁的窑工,叫张小毛,在热气灼人的炉膛里端匣钵,烤焦了草鞋,烫肿了双脚,尖尖钻不但不给发新草鞋,还用皮鞭逼他继续开窑。夜里,张小毛在迷迷糊糊中梦见一个白发老神仙送他一双瓷鞋,穿上瓷鞋,脚上的红肿疼痛立刻就消了，开窑时快步如飞，丝毫不烫。醒来之后他发现枕边真有了这样一双瓷鞋。小毛便将瓷鞋脱给窑工们轮换穿，大伙很轻松地将一窑窑瓷器全开出来。尖尖钻知道此事后，在夜里溜进窑工住棚将瓷鞋偷走了。谁知，瓷鞋穿在他脚上就脱不下来，载着他一个劲朝窑厂跑。当跑到火旺的窑门口时，便一下子跳进窑中，熊熊的烈火，顷刻将这个狠心的窑主化为灰烬。

  这件事在镇上影响很大，很快就传播开了。其他窑户老板听了，都引以为戒，对窑工也客气了不少。据说，有好长一段时间，窑户老板都不敢逼窑工开"烫窑"了。

4. 纷纷扰扰的地方风物传说

景德镇，作为瓷都，千年窑火不断，文化底蕴深厚。围绕陶瓷，演变出了许多独特的地方风物传说。其传说富有色彩，或精致唯美，或素朴清新，如同那晶莹剔透的瓷器，渗透了景德镇人的勤劳、雅致、温和与聪慧。

红釉

关于红釉的发明，景德镇有一个传说。据说明朝有一年年底，窑上停了工，一些还没有烧完的坯胎凉在坯架上。有一位铜匠，来乡下做生意，路过时就在这座窑里休息。他有时在窑里打铜，那些铜屑都飞扬在未经火烧的坯胎上。春天来了，窑上开工，工人们把头年积下来的坯胎一齐塞进窑里去烧。到开窑的时候一看，奇怪，那些头年陈货全部变成了红色。聪明的陶工终于发现铜屑是红色的着色剂，于是红釉就这样发明了。（图62）

图 62 郎红釉美人肩瓶

美人祭

　　美人祭简称祭红，也写作霁红，又叫积红，是过去祭品瓷器中的贵重瓷。美人祭釉色红而细腻润泽，色较轻淡，呈色安定而不流淌。

　　美人祭来源于一个传说。据传在明朝时候，御器厂接到皇帝的旨意，要造出一种鲜红颜色的瓷器。御器厂的总管就命令窑工去烧制，经过多次试验都失败了。窑工们因此不但经常遭受鞭笞的惩罚，甚至还面临死亡的威胁。

　　有个老窑工的独生女儿见父亲愁眉不展便询问缘由。询问清楚后，她劝慰父亲好好休息，自己却苦思冥想了一晚。

　　第二天，将近晌午时，她以探望父亲为由，来到窑上，悄悄站在父亲身边。众人注视着窑火，正为窑火烧不上去苦恼，只听她一声娇叱："快闪开！"红光一闪，她已纵身跳进窑门。等众人回过神来，窑内早已腾起了熊熊烈火，越烧越旺，众人都不禁失声痛哭。

　　开窑时，晶莹润泽的瓷器如少女殷红的鲜血一般。窑工们都说这是孝女的精诚所感。为了纪念她，这种瓷器便叫做美人祭。后来窑工封窑门时也用砖砌成女儿的形象。这种红釉又很像少女饮酒后脸上的红晕，故人们又叫它美人醉。（图63）

图63 美人祭口杯

釉里红

釉里红,是釉下的珍贵颜色。它的产生有一个传说。元朝,景德镇有个叫赵子聪的陶瓷工人,烧瓷好且爱好发明,大家都称他为"赵全能"。那时候瓷器上花纹都用手工刻,很费工夫。赵全能立志要在瓷器上用毛笔描绘花纹。可是,他费尽心血,也没找到适合画瓷的颜料。窑户老板开始以为赵全能能很快配制成,可以挣大钱,所以资助他。随着试验的一次次失败,窑户老板不再资助他了,赵全能只能借钱试验，他和独生女儿小梅从此日子过得十分困苦。

很快一年过去了，赵全能欠下窑户老板三百贯铜钱。大年三十这天，窑户老板和他的管帐先生前来追债，要赵全能卖掉女儿抵债。小梅涕泪涟涟，向父亲跪拜告辞。临走时，小梅从口袋里掏出平日零用的两枚铜钱送给父亲。

过了年，赵全能来到窑里。窑户老板告知他可以做最后一次试验。赵全能泪珠夺眶而出，默默祈祷。烧窑时，上衣口袋里那两枚铜钱掉进匣钵，落在瓷坯上。他怕碰坏了瓷坯，只好不动铜钱。出窑时，令人惊喜的是，两枚铜钱在瓷碗上留下两个圆圆的红印。赵全能蓦然明白，转身奔往家里，把所有铜锁磨成粉末，再掺入一些药料，调成浆糊，用毛笔在瓷坯上画起来。他向窑户老板苦苦恳求，并以不成功就一辈子给他做工为代价哀求老板允许自己再尝试一次。窑户老板答应成功了就让他将女儿赎回。最后，赵全能成功地试烧出了绚丽迷人的釉里红。小梅也终于回到了赵全能的身边，父女得以团聚。

青花瓷

提起青花瓷，人们都知道它是景德镇四大传统名瓷之一，但是问起它的来历，人们不一定知道。这里还有一个动人的传说。

相传元代时，镇上有个刻花的青年工匠，名叫赵小宝。小宝有个未婚妻，名叫廖青花。当时刻花的工作非常辛苦，而绘花又未找到合适的颜料。青花便暗暗下定决心，一定帮小宝找到绘瓷的颜料。她再三央求专门找矿的舅舅，带她进山找矿。

秋去冬来，青花和舅舅很快进山三个月了，仍未有音信。小宝放心不下，踏着厚厚的白雪，直奔青石山。来到山前，他看见山谷有青烟冒出,便匆忙赶往。

走近后,他发现青烟来自一座倒塌了的炭窑。经过仔细搜寻,他发现了躺在地上的舅舅。老人苏醒过来后,急忙对他说:"快,快,快上山……去接青花。"

小宝顺着舅舅指的方向,拼命朝山顶跑,最后找到了青花冻僵的尸体。在她身旁的雪地上,还堆着一堆堆已选好的石料。小宝见状,哭得死去活来……

小宝含着泪水掩埋了青花,将青花采挖的石料研成粉末,配成颜料,用笔画到瓷坯上,经高温焙烧后,果然产生了青翠欲滴的蓝色花纹。青花瓷便从此诞生。后人为了纪念廖青花,遂把画在瓷器上的这种蓝花称之为"青花",把描绘这种蓝花的彩料称之为"青花料(廖)",这两种叫法,一直沿用至今天。(图64、图65)

图 64 乾隆款青花缠枝莲双耳六方瓶

图 65　雍正款青花龙纹赏瓶

女体窑

女体窑，即柴窑，因其外形颇像女人体形，故称之。关于柴窑窑炉的造型，民间还流传着这样一种传说。据说古时候有个皇帝曾下令要景德镇为他烧造一张瓷器龙床，并限一年内做好，若到期未烧造出来，就要把参与烧造的瓷工全部斩首。可是瓷工们经过反复烧造，瓷床始终未烧成。一天，把桩师傅陈德厚的女儿翠芳坐在椅子上歇息，不知不觉便睡着了。她梦见一个手持佛帚的白发老人来到她的身边，对她说："若要烧成龙床，办法有两条：一是要按女人的身形重建新窑；二是烧龙床时，当窑火烧得旺盛的时候，你必须跳进窑去。这样，龙床才能烧成。"说完，佛帚一扬，化作金光消失了。后来，在翠芳的再三要求下，瓷工才抱着试试看的心理把窑形改成了女人的身形。这一日，大伙将龙床装入了重建的窑内，正当窑火烧得旺盛的时候，翠芳趁人不备突然冲到窑前，叫了声"爹爹保重"，就毅然跳进了烈火中。后来瓷工打开窑一看，龙床果然烧成了。

翠芳死了，可瓷工却因此而得救。直到民国时期乃至新中国成立之初，景德镇烧瓷所使用的仍为这种女人身形的窑炉。（**图66**）

图66 女体窑（柴窑）

观音站鳌

景德镇北郊有座观音山，观音山上有座观音庙，观音庙内有口观音泉，泉眼虽小却水味甘甜，遇涝不溢，遇旱不涸。传说有条黑鱼精想把它占为己有，就兴风作浪。有个叫甜妹的小姑娘义愤填膺，拔剑去寻黑鱼精算账。

甜妹与黑鱼精的这场恶战，直杀得天昏地暗。别看甜妹年小，却武艺高强。她与黑鱼精连斗了三天三夜，黑鱼精是又渴又饿，而甜妹是愈战愈勇。黑鱼精寻思，这样斗下去，自己肯定要败，必须速战速决，靠狠致胜。黑鱼精突然龇牙猛扑过来，但甜妹反应更加敏锐，一脚踢过去，直中黑鱼精脑门，黑鱼精"扑"地倒在地上，甜妹挺剑要刺，猛听得有人在空中叫她，抬头一看，原来是观音菩萨。观音菩萨说："甜妹，你本是我座前龙女化身，黑鱼原属鄱阳湖鳌鱼，鳌鱼想夺泉占山，天地难容。罚它做我出行坐骑。我佛慈悲，每日以法水点化足矣。"说完，观音就站在了鳌鱼身上，飞上了天空。

为了感谢菩萨，镇上的瓷工塑了"观音站鳌"的瓷雕像。观音菩萨手拿净瓶，据说每日要把水滴到鳌鱼嘴里，点化鳌鱼为善。

黄龙化白土

相传当年在景德镇有两条龙：一条白龙，一条黄龙。白龙善水，黄龙则喜火。白龙心胸狭隘，喜好四处作恶；黄龙则善良老实。

一天，白龙趁众仙不备，溜进蟠桃园，尽情享受了一顿延年益寿的蟠桃盛宴。走出蟠桃园，他才意识到触犯天规的严重性。后来他想出一条毒计，趁大家尚未发现之前，便义愤填膺地来到天庭，当着众仙的面，向玉帝禀报黄龙在蟠桃园犯下的罪行。为此，黄龙遭受了五十大板的重罚。

这次阴谋的得逞，使白龙更加肆无忌惮。黄龙找白龙理论，白龙气急败坏，两人动起武来。白龙法力不及黄龙，快要输的时候，不顾凡间百姓死活，朝着大地喷起水来。黄龙担心凡间的众生，在他再三阻挠无效下，只好用尽自己的法力，将水又吸了回来，但这样一折腾，大地早已满目苍夷，民不聊生。

后来，白龙又故伎重演，告到玉帝那里。玉帝听说，一改往日和蔼的神色,将黄龙死死地钉在大地上。

当地的老百姓只听见一声巨响,扬起的灰尘遮天蔽日。等到灰尘散去后,他们发现地上多了一座龙形的山。有胆大的村民拿来锄头,挖开后发现里面全是白色的泥土。他们发现这种白土经火烧后洁白如玉,坚硬无比,是制瓷的极佳材料。

小知识◎美人祭（1）

从前，有一位皇帝，摔碎了一只旷世稀有的红色玉石酒杯。他责令大臣再弄一只，大臣们惶恐不安。有一位潘姓大臣知景德镇产精美瓷器，便领命前往。

潘姓大臣严令瓷工限期烧成。瓷工屡试屡败，苦不堪言。看火的梅师傅的女儿梅英晚上做梦被告知高岭山上有一种红釉石可制。醒来后，她悄悄前往，双脚在悬崖陡壁上被磨破，鲜血洒了一路。梅师傅后来沿着血迹在山顶找到已死去的女儿。他把鲜血染红的石头带回研磨、烧制，后来果然烧成红色瓷酒杯。瓷工为了纪念梅英，把它取名为"美人祭"。

◎美人祭（2）

传说明代宣德年间，一批祭红御用瓷器即将到交货日期，但瓷工屡烧不成。当时圣上御用瓷有规定，若延误日期，所有制瓷工匠将要被投入窑火烧死。正在人们万分焦急的时候，有位老陶工的女儿得到神仙托梦，要她投身于熊熊窑火中，以血染瓷方可成功。于是她乘人不备，纵身入窑，只见一团烈焰升起，突然窑门大开，整窑瓷器皆成红色。

参考文献

1. 江思清.景德镇瓷业史[M].北京：中华书局，1936.
2. 黎浩亭.景德镇陶瓷概况[M].南京：正中书局，1937.
3. 江西省政府统计处.景德镇瓷业调查报告[M].南昌：（出版作者不详），1948.
4. 江西省轻工业厅陶研所.景德镇陶瓷史稿[M].北京：三联书店，1958.
5. 周仁.景德镇瓷器的研究[M].北京：科学出版社，1958.
6. 中共景德镇市委宣传部.瓷都激浪[M].南昌：江西人民出版社，1962.
7. 景德镇陶瓷馆.景德镇陶瓷艺术名人录[M].香港：香港昊文化公司，1985.
8. 吴海云.瓷都及其高峰[M].北京：人民日报出版社，1986.
9. 潘文锦，潘兆鸿.景德镇的颜色釉[M].南昌：江西教育出版社，1986.
10. 周銮书.景德镇史话[M].上海：上海人民出版社，1989.
11. 徐希祉.中国瓷都景德镇陶瓷[M].香港：香港中国文化发展公司，1990.
12. 郑鹏.景德镇瓷艺纵观[M].南昌：江西科技出版社，1990.

13. 杨永峰.景德镇陶瓷古今谈[M].北京：中国文史出版社，1991.

14. 汪宗达，尹承国.现代景德镇陶瓷经济史[M].北京：中国书籍出版社，1994.

15. 龚农民，谢景星，童光侠.景德镇历代诗选[M].郑州：中州古籍出版社，1994.

16. 朱琰.《陶说》译注[M]傅振伦，译注.北京：轻工业出版社，1984.

17. 蓝浦，郑廷桂.《景德镇陶录》译注[M].傅振伦，译注.北京：文献出版社，1993.

18. 唐英.陶冶图说[M].北京：中国书店，1993.

19. 张发颖.唐英督陶文档[M].北京：学苑出版社，2012.

20. 中国硅酸盐学会.中国陶瓷史[M].北京：文物出版社，1982.

21. 王光尧.明代宫廷陶瓷史[M].北京：紫禁城出版社，2010.

22. 林景梧，王宗达.景德镇[M].北京：中国建筑工业出版社，1989.

23. 梁淼泰.明清景德镇城市经济研究[M].南昌：江西人民出版社，1991.

24. 冯先铭.中国陶瓷[M].上海：上海古籍出版社，2001.

25. 方李莉.景德镇民窑[M].北京：人民美术出版社，2002.

26. 方李莉.传统与变迁——景德镇新旧民窑业田野考察[M].南昌：江西人民出版社，2000.

27. 周荣林.千年瓷韵——景德镇陶瓷历史博览[M].南昌：江西人民出版社，2004.

28. 周荣林.景德镇陶瓷习俗[M].南昌：江西高校出版社，2004.

29. 陈雨前, 郑乃章, 李兴华. 景德镇陶瓷文化概论 [M]. 南昌: 江西高校出版社, 2004.

30. 祝桂洪. 景德镇陶瓷传统工艺 [M]. 南昌: 江西高校出版社, 2004.

31、李文跃. 景德镇粉彩瓷绘艺术 [M]. 南昌: 江西高校出版社, 2004.

32. 邱国珍. 景德镇瓷俗 [M]. 南昌: 江西高校出版社, 1994.

33. 余家栋. 江西陶瓷史 [M]. 开封: 河南大学出版社, 1997.

34. 白明. 景德镇传统制瓷工艺 [M]. 南昌: 江西美术出版社, 2004.

35. 景德镇市地方志编纂委员会. 中国瓷都·景德镇市瓷业志 [M]. 北京: 方志出版社, 2004.

36. 沈德新. 千年景德镇: 寻入瓷门 [M]. 上海: 上海书店出版社, 2009.

37. 王莲花. 景德镇瓷业习俗图释 [M]. 西安: 陕西旅游出版社, 2009.

38. 刘朝晖. 明清以来景德镇瓷业与社会 [M]. 上海: 上海书店出版社, 2010.

39. 熊寥, 熊微. 中国陶瓷古籍集成 [M]. 上海: 上海文化出版社, 2006.

40. 郑云云. 经典江西: 千年窑火 [M]. 南昌: 江西人民出版社, 2007.

41. 张海国, 万千. 千年瓷都景德镇 [M]. 上海: 上海大学出版社, 2005.

42. 董小明. 景德镇 [M]. 北京: 中国铁道出版社, 2005.

43. 曹建文.景德镇青花瓷器艺术发展史研究[M].济南：山东美术出版社，2008.

44. 景德镇市陶瓷考古研究所，江西省文物考古研究所，北京大学考古文博学院.景德镇出土明代御窑瓷器[M].北京：文物出版社，2009.

45. 吴秀梅.传承与变迁：民国景德镇瓷器发展研究[M].北京：光明日报出版社，2012.

46. 余勇，邓和清.宋代景德镇陶瓷窑业状况：蒋祈《陶记》研究[M].南昌：江西美术出版社，2012.

47. 齐皓，张俏梅.景德镇瓷业民俗与陶瓷民艺[M].北京：中国民族摄影艺术出版社，2013.

48. 伯仲.景德问瓷[M].北京：化学工业出版社，2008.

49. 冯国平，胡银娇，邵继梅.景德镇：千年窑火不熄的陶瓷之城[M].北京：五洲传播出版社，2006.

50. 张宁，张敏.康乾盛世：景德镇官窑瓷[M].南京：江苏美术出版社，2011.

51. 陈立立.陈立立谈明代景德镇民窑[M].济南：山东美术出版社，2010.

52. 金开诚.千古瓷都景德镇[M].长春：吉林文史出版社，2010.

53. 汪水传，徐文粟.景德镇地名景观故事集[M].南昌：百花洲文艺出版社，2005.

54. 熊理卿，卢瑞清.景德镇传统制瓷作坊的研究[J].陶瓷学报，1985（1）.

55. 詹嘉.15—18世纪景德镇陶瓷对欧洲饮食文化的影响[J].江西社会科学，2013（1）.

56. 詹嘉，何炳钦.景德镇瓷业神祈的历史文化考察［J］.农业考古，2011（4）.

57. 李兴华，胡菁惠.景德镇陶瓷文化在传统与现代变奏中选择和重构［J］.中国陶瓷，2003（5）.

58. 刘昌兵.因瓷而兴——古代景德镇的瓷业城市历史和特点［J］.江汉考古，2008（1）.

59. 于芳.景德镇瓷业行规礼俗的文化内涵［J］.中国陶瓷，2010（1）.

60. 吴本荣.景德镇陶瓷民俗文化与民间传说的研究［J］.中国陶瓷，2006（1）.

61. 苏永明、黄志繁.行帮与清代景德镇城市社会［J］.南昌大学学报（人文社会科学版），2007（3）.

62. 中国人民政治协商会议景德镇市委员会文史资料研究委员会.景德镇文史资料（第九辑）［M］.景德镇：政协景德镇文史资料研究委员会，1993.

63. 中国人民政治协商会议景德镇市委员会文史资料研究委员会.景德镇文史资料（第十辑）［M］.景德镇：政协景德镇文史资料研究委员会，1994.

64. 中国人民政治协商会议景德镇市委员会文史资料研究委员会.景德镇文史资料（第十辑）［M］.景德镇：政协景德镇文史资料研究委员会，1995.

图书在版编目（CIP）数据

瓷都拾遗：景德镇瓷业习俗 / 刘爱华编著. —郑州：中州古籍出版社，2015.3
ISBN 978-7-5348-5077-6

Ⅰ.①瓷… Ⅱ.①刘… Ⅲ.①陶瓷工业 – 手工业 – 风俗习惯 – 景德镇市 Ⅳ.①K892.29

中国版本图书馆CIP数据核字（2014）第272306号

华夏文库·民俗书系
瓷都拾遗：景德镇瓷业习俗

总 策 划	耿相新　郭孟良
项目统筹	单占生　萧　红（执行）
责任编辑	李晓文
责任校对	翟　楠
美术编辑	王　歌
版式设计	曾晶晶
封面设计	新海岸设计中心
责任印制	刘新毅

出　版	中州古籍出版社
	地址：河南省郑州市经五路66号
	邮编：450002
	电话：0371-65788808　65788179
经　销	新华书店
印　刷	河南新华印刷集团有限公司
版　次	2015年3月第1版
印　次	2015年3月第1次印刷
开　本	960毫米×640毫米　1/16
印　张	11.5
字　数	138千字
印　数	1-3000册
定　价	30.00元

本书如有印装质量问题，由承印厂负责调换